基于知识图谱的国内外公共管理研究及其热点主题透视

申丽娟　田文君　丁恩俊　著

本书是重庆市社会科学规划青年项目"后疫情时期重庆市域社会治理共同体建设研究"（编号：2020QNGL35）、重庆市研究生教育教学改革研究项目"新文科背景下公共管理类学术型硕士研究生科研创新能力培养与实践研究"（编号：yjg203021）、中央高校基本科研业务费重点项目"全面推进乡村振兴战略下西部县级政府数字治理韧性构建研究"（编号：SWU2109204）、中央高校基本科研业务费青年项目"人文社会科学研究前沿识别方法与实践研究"（编号：SWU2109347）、西南大学创新研究2035先导计划（编号：SWUPilotPlan030）的阶段性研究成果。

图书在版编目(CIP)数据

基于知识图谱的国内外公共管理研究及其热点主题透视/申丽娟,田文君,丁恩俊著. -- 重庆：西南大学出版社,2023.5
ISBN 978-7-5697-1753-2

Ⅰ.①基… Ⅱ.①申…②田…③丁… Ⅲ.①公共管理—研究—世界 Ⅳ.①D523

中国国家版本馆CIP数据核字(2023)第077901号

基于知识图谱的国内外公共管理研究及其热点主题透视
JIYU ZHISHI TUPU DE GUONEI-WAI GONGGONG GUANLI YANJIU JI QI REDIAN ZHUTI TOUSHI
申丽娟　田文君　丁恩俊　著

责任编辑：	畅　洁
责任校对：	王传佳
封面设计：	观止堂_ 未　氓
排　　版：	王　兴
出版发行：	西南大学出版社(原西南师范大学出版社)
	地址：重庆市北碚区天生路2号
	邮编：400715
印　　刷：	重庆市圣立印刷有限公司
幅面尺寸：	160 mm×235 mm
印　　张：	11.25
字　　数：	210千字
版　　次：	2023年5月　第1版
印　　次：	2023年5月　第1次印刷
书　　号：	ISBN 978-7-5697-1753-2
定　　价：	68.00元

前言

党的二十大报告指出：继续推进实践基础上的理论创新，首先要把握好新时代中国特色社会主义思想的世界观和方法论，坚持好、运用好贯穿其中的立场观点方法；必须坚持人民至上、自信自立、守正创新、问题导向、系统观念和胸怀天下。这不仅是对不断谱写马克思主义中国化时代化新篇章的总体要求，也是在推进中国式现代化进程中的理论创新与实践总结。作为理论研究的重要组成部分，哲学社会科学研究更应严格遵循这一导向，努力构建中国哲学社会科学的自主知识体系。2022年4月，中共中央办公厅印发了《国家"十四五"时期哲学社会科学发展规划》（以下简称《规划》），围绕贯彻落实加快构建中国特色哲学社会科学的战略任务，对"十四五"时期哲学社会科学发展做出总体性规划。《规划》指出："坚持立足中国、借鉴国外，挖掘历史、把握当代，关怀人类、面向未来，以加快构建中国特色哲学社会科学为主题，以提升学术原创能力为主线，以加强学科体系、学术体系、话语体系建设为支撑，以重大项目、重点工程、重要平台为牵引，以体制机制改革创新为动力，努力建设学科布局优、学术根基牢、科研水平高、服务能力强、国际影响大的中国特色哲学社会科学，为全面建设社会主义现代化国家提供有力思想和智力支持。"公共管理是哲学社会科学领域的重要构成部分，在哲学社会科学研究中占据举足轻重的地位。从学科的视角来划分，公共管理是管理学门类下的一级学科，包括行政管理、公共政策、社会保障、土地资源管理等二级学科；从渊源的角度来梳理，公共管理实践历史悠久，但其真正作为一门现代学科始于西方国家，并在中国情境下不断发展。

自1887年威尔逊发表《论行政之研究》一文，西方国家的公共管理研究先后经历了传统公共行政学、新公共行政学与政策科学、新公共管理、公共治理、公共服务等范式的转换，产出了"政治与行政二分法"、官僚制（科层制）、政策分析、公共部门战略管理、网络治理等理论研究成果，对政府部门和非政府组织的公共管理实践产生了深刻的影响。与西方国家相比，我国政府管理或公共行政的研究传统虽然可以追溯至夏商周的国家和政府形成之时，但近现代意义上的公共行政学受到了西方国家较大影响。19世纪末20世纪初，西方行政学研究成果被引进到我国，并逐步生根和发芽。1979年3月30日，邓小平在党的理论工作务虚会上指出："政治学、法学、社会学以及世界政治的研究，我们过去多年忽视了，现在也需要赶快补课。"在这一指示下，公共行政、行政管理等学科迅速得到恢复重建和发展。特别是进入新时代以来，公共管理领域面临的机遇与挑战前所未有，这也在一定程度上促进了公共管理学科的快速发展、研究成果的突飞猛进、成果应用的大力加强。步入"十四五"时期，公共管理领域的研究方向在哪里？应如何深化研究？《规划》的出台给出了一条道路，那就是"立足中国、借鉴国外""挖掘历史、把握当代""提升学术原创力"等。而这就需要我们对已有的公共管理领域国内外研究成果进行系统梳理和总结，从中把握研究热点主题的变迁历程和特征，精准找到未来研究的切入点、重点，进而实现公共管理研究成果的深化创新，助推中国特色公共管理学的建设。

本书是重庆市社会科学规划青年项目"后疫情时期重庆市域社会治理共同体建设研究"（编号：2020QNGL35）、重庆市研究生教育教学改革研究项目"新文科背景下公共管理类学术型硕士研究生科研创新能力培养与实践研究"（编号：yjg203021）、中央高校基本科研业务费重点项目"全面推进乡村振兴战略下西部县级政府数字治理韧性构建研究"（编号：SWU2109204）、中央高校基本科研业务费青年项目"人文社会科学研究前沿识别方法与实践研究"（编号：SWU2109347）、西南大学创新研究2035先导计划（编号：SWUPilotPlan030）的阶段性研究成果。

本书由西南大学国家治理学院副教授、硕士生导师申丽娟（课题负责人）具体负责研究提纲的拟定，研究内容的明确和任务分工，且承担部分书稿内容的撰写以及全书的统稿和审定工作。西南大学图书馆研究馆员丁恩俊、国家治理学院田文君参与书稿部分章的撰写工作，且在通读书稿的基础上，对书稿进行了具体的修改。西南大学国家治理学院汪韶源、郭志聪、王淼霖、吴婧参与书稿部分章的撰写工作。

由于笔者水平有限，书中错误与疏漏在所难免，恳请专家、读者指正。

申丽娟

2022年5月8日于西南大学缢镛楼

目　录

第一章　绪论
　　第一节　研究背景及意义　/ 3
　　第二节　研究思路与方法　/ 8
　　第三节　主体内容安排　/ 11
　　第四节　主要研究特色　/ 13

第二章　国内外行政体制改革研究
　　第一节　数据来源　/ 17
　　第二节　研究的基本状况　/ 18
　　第三节　研究热点主题的知识图谱解析　/ 21
　　第四节　小结　/ 35

第三章　国内地方政府职能转变研究
　　第一节　数据来源　/ 39
　　第二节　研究的基本状况　/ 40
　　第三节　研究热点主题的知识图谱解析　/ 42
　　第四节　小结　/ 53

第四章　国内外地方治理能力研究

第一节　数据来源　/　57

第二节　研究的基本状况　/　58

第三节　研究热点主题的知识图谱解析　/　61

第四节　小结　/　72

第五章　国内外政府与社会关系研究

第一节　数据来源　/　76

第二节　研究的基本状况　/　76

第三节　研究热点主题的知识图谱解析　/　79

第四节　小结　/　90

第六章　国内外社会治理创新研究

第一节　数据来源　/　93

第二节　研究的基本状况　/　93

第三节　研究热点主题的知识图谱解析　/　97

第四节　小结　/　108

第七章　国内外社会组织改革研究

第一节　数据来源　/　111

第二节　研究的基本状况　/　112

第三节　研究热点主题的知识图谱解析　/　115

第四节　小结　/　127

第八章　国内人民获得感研究

　　第一节　数据来源 / 131

　　第二节　研究的基本状况 / 132

　　第三节　研究热点主题的知识图谱解析 / 134

　　第四节　小结 / 145

第九章　国内外公共文化服务政策研究

　　第一节　数据来源 / 149

　　第二节　研究的基本状况 / 150

　　第三节　研究热点主题的知识图谱解析 / 152

　　第四节　小结 / 162

结语:迈向中国公共管理自主知识体系的构建 / 164

主要参考文献 / 166

第一章

绪论

本章通过透视国内外公共管理研究及其热点主题的知识图谱，探测到近年国内外公共管理研究的热点，主要集中在行政体制改革研究、地方政府职能转变研究、地方治理能力研究、政府与社会关系研究、社会治理创新研究、社会组织改革研究、人民获得感研究、公共文化服务政策研究等领域。

第一节 研究背景及意义

一、研究背景

什么是公共管理？这是对公共管理研究进行梳理和总结的基本起点，也是学者们首先要解决的基础问题。竺乾威（2021）从行政和管理、公共行政和公共管理的关系出发，对公共管理的主体、对象、学科背景等方面进行了详细的界定。从主体来看，尽管公共管理强调多元性，但不可否认，政府始终是最重要的管理主体。从对象来看，公共管理的对象是社会公共事务，尽管在管理理念、方法手段、管理程序等方面与公共行政有区别，但这些不同不足以导致公共行政和公共管理是两个边界清楚的不同的研究领域。从学科背景来看，公共行政脱胎于政治学，在后来的发展中，增加了管理学和经济学的内容，这是公共管理被认为不同于公共行政的一个理由。但是，如果没有了政治学（它涉及政府和公共性），那么公共管理也不成其为公共管理了。

总体上，公共管理需要指引公共部门，尤其是政府部门应该怎样做才能够更有效率。公共管理学将公共部门的客观活动或实践作为研究对象，学科的使命和属性使其研究对象面向广泛的公共事务。

20世纪70年代后期，随着信息技术的迅速发展，全球一体化进程加快，政治、经济、文化、科技等领域不可避免地遇到了由于社会变革所带来的公共管理问题。为迎接全球化、信息化、国际竞争加剧的挑战，以及摆脱财政困境和提高政府效率，公共行政改革的浪潮席卷了西方发达国家。在政府改革方面，当时的主要发展趋向是精简和重组政府机构，精简人员，转变政府职能，改变政府运作机制，还权于市场、公民组织与公民个人。

20世纪80年代以来，随着新公共管理运动在西方国家的普遍展开，英、美等发达国家的公共行政架构、管理理念和服务方式得以改变，西方发达国家的公共管理水平进一步提高，经济与社会持续发展，居民更多的公共服务需求得到满足，同时西方发达国家在国际社会中的整体竞争力得到增强。

总体上，伴随着西方公共管理学改革思潮的兴起，这一时期的研究主要关注的是私人企业管理理念、方式等在政府机构中的应用，通过引入市场竞争机制等，运用工商管理途径和方法，提高公共组织的效率等，形成了以顾客为导向的公共管理决策范式。

不仅如此，新公共管理运动所形成的这股强大的公共行政改革力量，也正越来越多地影响到许多发展中国家的政府管理改革。如果发达国家政府改革的任务是打破原有僵化的制度模式以使政府工作更加高效化、人性化，那么发展中国家政府改革的任务则是使制度模式更加规范化，甚至要创建政治制度框架本身，以解决制度供给不足问题。因此，发展中国家进行政府改革时，既需要借鉴发达国家政府改革的经验做法，又必须根据自身的实际情况进行调整。同样，新公共管理运动对中国政府改革有着深刻的影响，特别是其中的一些源于企业的管理方式，比如目标管理、绩效评估、成本核算等，要求打破政府提供公共服务的垄断地位，引入市场竞争机制；同时，树立行政管理人员的责任意识、服务意识，以科学的方式对行政人员的管理业绩进行考评。这些对提高中国政府部门的工作效率和服务水平具有重要的积极意义。

随着国内外政府部门改革的不断深入以及公共管理的信息化发展，关于公共管理的大量科研成果以论文的形式发表在各类期刊上。由此，公共管理学获得了高速发展,公共管理学领域的研究文献数量呈现加速增长趋势。

国内部分学者意识到了关注学科研究主题的重要性,运用多种方式对公共管理学进行主题探索。比如,21世纪初期,大部分研究多从经验的视角进行总结和评价,即学者们通过回顾公共管理的发展演变历程,总结和概括研究方向和主题,并对国内公共管理学的发展趋势进行预测与展望。但随着实证研究方法的发展,国内学者对公共管理学的热点和趋势的研究已经逐渐由早前的描述型分析转变为统计型分析。何超等(2011)使用CiteSpace软件,对管理科学领域的20种重要期刊上的文献数据进行知识图谱分析,总结学科领域的代表人物及研究热点;魏姝(2009)对政治学的热点和趋势进行研究,对中文社会科学引文索引(Chinese Social Sciences Citation Index,CSSCI)2005—2006年的10108篇文献的关键词进行统计,通过对比高频关键词的变化以观察学科发展;陆远权等(2013)对CSSCI 2009—2011年相关文献的高频关键词进行剖析,通过标引次数的变化跟踪变动的主题,进一步预测公共管理学的发展趋势。此外,国内学者还从不同的研究视角,对公共管理学领域内诸多前沿主题展开了广泛的讨论。

总体上,21世纪以来,公共管理学研究领域的期刊论文发表数量呈现增长的趋势。有学者选取教材为样本,统计出公共管理学研究主题。比如,徐国冲(2011)认为,导论与学科理论范式、公共部门人力资源、公共政策分析、公共预算与财政管理、公共组织理论、责任与伦理、政府间关系、绩效管理、政府改革与治理、政府工具等为公共管理学的高频研究主题。也有学者选取期刊为样本。比如,陈天祥等(2018)基于社会科学引文索引(Social Sciences Citation Index,SSCI)样本期刊(2006—2015)的文献计量分析,对国外公共管理学科领域研究热点及演化路径进行了梳理,发现国外的公共管理学科研究热点主要集中在政府问责与机构改革问题、福利国家与社会政策问题、气候变化与可持续发展问题、欧盟一体化问题和治理与创新问题,同时也呈现出多元化演进和研究纵深化趋势。还有学者从项目的视角进行分析。比如,徐国冲(2021)基于对309项国家自然科学基金项目的分析,指出中国公共管理研究正在走向科学化,科学共同体的构建具有一定的基础与条件,学科"大问题"逐渐形成共识,研究方法日益科学化,实证研究成为主流;但公共管理研究仍存在学科界限模糊、学科共识不强等问题。因此,要进一步厘清学科边界,加强科学共同体建设,促进多种研究方法综合应用,推动公共管理学的科学化发展。

面对大量关于公共管理的研究文献资料,对其进行有效的分析和评价,并从中挖掘、整理出有用的信息,以便为研究者提供可靠的参考信息已成为必然之势。与此同时,在面对复杂且具体的公共问题时,公共管理学科的边界似乎变得模糊,其他学科的参与甚至使得这一新兴学科出现了碎片化研究的倾向。一方面,公共管理研究需要进一步深入,其学科体系、学术体系、话语体系的建构要持续完成。另一方面,公共管理研究需要体现民族性、原创性、时代性,最终落脚在系统性和专业性上。因此,对国内外公共管理研究及其热点主题的透视和梳理极其关键。文献计量法以数学和统计学方法为基础,对具有不同数据特征的文献进行定量或定性分析,从而揭示文献信息规律、学科发展趋势和热点问题。可视化知识图谱弥补了传统统计图表的不足,将文献计量法和可视化知识图谱相结合,应用于国内外公共管理研究,对国内外公共管理研究论文进行全面、系统的分析,具有重要的学术研究价值和现实价值。

二、研究意义

(一)理论意义

1.通过对公共管理研究的热点领域和前沿主题进行分析,快速掌握当前公共管理研究的热点主题、变迁历程、研究成果、研究方法、研究不足以及研究展望,有助于进一步有针对性地致力于重点主题的深化研究,不断创新研究方法,梳理各个主题间的内在联系,形成具有质性特征的公共管理学科研究范畴,最终形成严密的公共管理学科研究范式和学科边界。

2.通过对公共管理领域知识图谱进行梳理和分析,发现公共管理研究历史的转折点和不同时期的知识结构,有助于厘清21世纪以来公共管理研究热点主题的变迁历程、现状特征和发展方向。

3.通过文献计量法透视国内外公共管理研究的知识图谱,为本领域研究者掌握研究态势、其他领域研究者快速了解公共管理发展提供帮助;通过对国内外公共管理研究动态进行整体性的知识图谱分析,充实国内公共管理研究领域的理论体系,丰富该领域现有的研究原理、概念范式和方法。对学术研究动态进行梳理和总结,并做必要的反思和展望,是实现知识累进的重要途径,也有助于为公共管理研究领域的深化拓展提供借鉴和启发,对加强学科建设和理论创新均具有重要的启发意义。

(二)实践意义

1.关注公共管理研究领域的现实问题,对国内外公共管理研究及其热点主题进行透视,应用知识图谱开展研究,以旧当新,管中窥豹,有利于研究者全面了解研究现状,最大限度地运用已有的知识经验与科研成果确定研究方向和校正研究目标,以避免重复、无效劳动,提高研究的总体效益;同时,还能为当下公共管理实践提供历史的参考路径和前沿的决策依据。

2.公共管理研究要有所创新,必须先从已有的相关文献资料中吸取营养,批判地继承他人已有的研究成果。研究者只有查阅了国内外公共管理研究的大量文献之后,才能清楚了解到前人对于公共管理已经做了哪些研究,解决了哪些问题,还有哪些问题尚未解决,从而开阔眼界、扩展思路、受到启发,进而在前人研究的基础上进行公共管理新的研究。

3.运用文献检索法、文献计量法、知识图谱法等更客观、更科学、更高效的方法,对于梳理公共管理研究态势以及丰富与完善公共管理领域研究方法具有重要意义。

第二节 研究思路与方法

一、研究思路

基于国内外公共管理研究领域的成果现状,根据所搜集文献确定国内外公共管理研究的主体部分,共分为八个部分:行政体制改革研究、地方政府职能转变研究、地方治理能力研究、政府与社会关系研究、社会治理创新研究、社会组织改革研究、人民获得感研究和公共文化服务政策研究。

本书以 Web of Science(WOS)核心数据库和中国知网(China National Knowledge Infrastructure,CNKI)为平台,分别检索关于公共管理的英文和中文文献,使用文献计量法对国内外公共管理研究文献的年代分布、优势国家(地区)/机构、核心作者、学科和期刊来源等进行分析,运用 CiteSpace 软件挖掘与可视化分析公共管理研究领域的知识图谱,对研究热点主题进行识别,综述主要研究热点主题,进一步归纳总结研究热点主题的变迁历程与特征。通过对国内外公共管理研究文献的分析以及透视,为本土公共管理学科理论体系的构建提供养料,以进一步丰富和发展中国公共管理研究的概念、原理、范式和方法。(见图1-1)

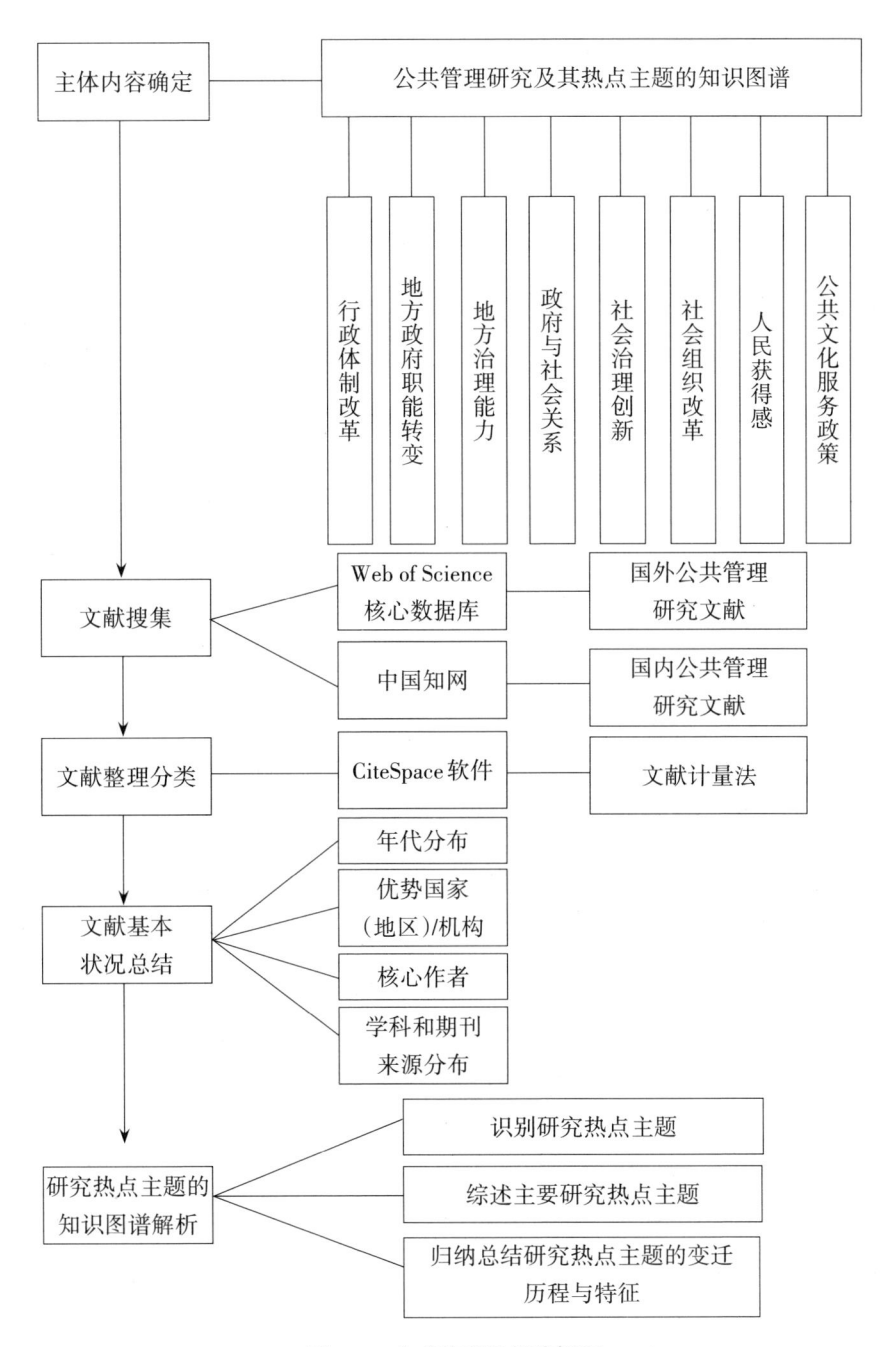

图1-1　本书的研究思路框架

二、研究方法

(一)文献检索法

文献检索通常借助计算机检索软件来完成。使用计算机检索软件有助于我们快速了解当前国内外公共管理的研究现状,并对研究热点主题进行归纳总结,为深入研究提供丰富的基础资料。

(二)文献计量法

文献计量法即通常所说的文献统计分析,运用统计学方法对包含战略情报的相关文献特征进行简单的统计分析,用数据来描述或解释文献的数据特征和变化规律,从而达到战略情报研究的目的。通过对相关定量数据进行采集、分析,更加客观地反映不同时期相关问题的研究状况、特点和趋势。

本书主要选取中国知网和Web of Science核心数据库中收录的文献作为分析数据来源,通过对国内外公共管理研究文献的关键词进行可视化分析,探测国内外公共管理学科研究的热点领域和前沿主题。

(三)知识图谱法

知识图谱法是近年来在图书情报科学领域兴起的重要方法,运用可视化图谱展示学科的发展历史、核心主题、前沿领域和整体结构。由美国德雷塞尔大学陈超美教授开发的CiteSpace软件,是近年来流行的知识图谱分析工具。该软件基于库恩的科学发展模式理论、普赖斯的科学前沿理论、结构洞理论、最佳信息觅食理论、知识单元离散与重组理论等进行设计,能有效帮助研究者从海量文献数据中获取最为关键的有效信息,以厘清一个学科的发展历程,并识别学科的研究前沿和发展趋势。

本书借助CiteSpace软件,分析相关文献的年代分布、优势国家(地区)/机构、核心作者、学科和期刊来源等,以期清晰直观地透视公共管理研究及其热点主题。

第三节　主体内容安排

除了第一章绪论部分之外,本书的主体内容安排如下:

第二章:国内外行政体制改革研究。行政体制改革是政治体制改革的重要内容,是上层建筑适应经济基础客观规律的必然要求,同时也是世界各国政府都面临的重要理论与现实课题。为了解决政府管理面临的各种新压力和新挑战,各国以控制机构规模、降低行政成本、提高执政效能为内容的行政体制改革一直在持续进行。通过深化体制改革,进一步消除体制性障碍,切实解决经济社会发展中的突出矛盾和问题,推动科学发展,促进社会和谐,更好地维护人民群众的利益。本章以 Web of Science 核心数据库和中国知网为平台,通过检索两个平台所收录的文献,运用文献计量法对国内外行政体制改革研究的文献进行定量分析,对研究历程、发展趋势和主题热点等进行判读,进而分析国内外行政体制改革研究热点,综述主要研究热点主题,归纳总结研究热点主题的变迁历程与特征,以期为深化行政体制改革研究提供参考。

第三章:国内地方政府职能转变研究。转变政府职能是深化行政体制改革的重心。本章通过检索中国知网所收录的文献,运用文献计量法对国内地方政府职能转变研究的文献进行定量分析,对研究历程、发展趋势和主题热点等进行判读,进而分析国内地方政府职能转变研究热点,综述主要研究热点主题,归纳总结研究热点主题的变迁历程与特征,以期为深化地方政府职能转变研究提供参考。

第四章:国内外地方治理能力研究。现代政府面临着一种无法回避的挑战:社会公众一方面希望政府能提供更多更好的公共服务;另一方面又希望政府能够避免公共开支过大,在不加重税费的前提下提供更多更好的服务。而这对政府治理能力提出了更高要求。地方政府是国家政治统治的基石,地方政府活动与群众的日常生活和切身利益密切相关,地方政府治理能力关系到国家社会、经济、文化发展及政治稳定。本章以 Web of Science 核心数据库和中国知网为平台,通过检索两个平台所收录的文献,运用文献计量法对国内外地方治理能力研究的文献进行定量分析,对研究历程、发展趋势和主题热点等进行判读,进而分析国内外地方治理能力研究热点,综述主要研究热点主题,归纳总结研究热点主题的变迁历程与特征,以期为深化地方政府治理能力研究提供参考。

第五章:国内外政府与社会关系研究。社会是一个与政府相对应的概念,是民族国家范围内的个人之间结成的各种非政府的组织及其关系的总和。社会既是政府治理的客体,同时又影响和制约着政府权力。政府与社会的关系,从古到今,无论是国外还是国内,都是不可回避的。马克思主义理论和以马克斯·韦伯为代表的德国社会学派均对此给予充分关注和研究。本章以Web of Science核心数据库和中国知网为平台,通过检索两个平台所收录的文献,运用文献计量法对国内外政府与社会关系研究的文献进行定量分析,对研究历程、发展趋势和主题热点等进行判读,进而分析国内外地方政府与社会关系研究热点,综述主要研究热点主题,归纳总结研究热点主题的变迁历程与特征,以期为深化国内外政府与社会关系研究提供参考。

第六章:国内外社会治理创新研究。社会治理创新是一个指涉全局性、战略性、价值性的改革部署,是一场推进全社会发展进步、提升全社会文明程度的深刻的重要变革;社会治理创新是对社会发展的体制机制进行"适应性重构",以形成适应新时代要求的良性的社会运行体制机制。本章以Web of Science核心数据库和中国知网为平台,通过检索两个平台所收录的文献,运用文献计量法对国内外社会治理创新研究的文献进行定量分析,对研究历程、发展趋势和主题热点等情况进行判读,进而分析国内外社会治理创新研究热点,综述主要研究热点主题,归纳总结研究热点主题的变迁历程与特征,以期为深化社会治理创新研究提供参考。

第七章:国内外社会组织改革研究。社会组织与政府、市场(企业)被公认为当今社会治理的"三大支柱"。社会组织发展是社会建设的重要内容。深化社会组织改革、激发社会组织活力、促进社会组织发育,成为推进社会建设与完善社会治理体制的一个重要课题。本章以Web of Science核心数据库和中国知网为平台,通过检索两个平台所收录的文献,运用文献计量法对国内外社会组织改革研究的文献进行定量分析,对研究历程、发展趋势和主题热点等情况进行判读,进而分析国内外社会组织改革研究热点,综述主要研究热点主题,归纳总结研究热点主题的变迁历程与特征,以期为深化国内外社会组织改革研究提供参考。

第八章:国内人民获得感研究。"获得感"一词的迅速流行源于习近平总书记在中央全面深化改革领导小组第十次会议上的重要讲话,他指出:"要让人民群众有更多获得感。""获得感"成为全面深化改革是否取得成效的重要标准。本章通过检索中国知网所收录的文献,运用文献计量法对国内人民获得感研究的文献进行定量分析,对研究历程、发展趋势和主题热点等情况进行判读,进而分析人民获得感研究热点,综述主要研究热点主题,归纳总结研究热点主题的变迁历程与特征,以期为深化国内人民获得感研究提供参考。

第九章:国内外公共文化服务政策研究。公共文化服务政策的制定和实施关系到公共文化体系建设。本章以 Web of Science 核心数据库和中国知网为平台,通过检索两个平台所收录的文献,运用文献计量法对国内外公共文化服务政策研究的文献进行定量分析,对研究历程、发展趋势和主题热点等情况进行判读,进而分析国内外公共文化服务研究热点,综述主要研究热点主题,归纳总结研究热点主题的变迁历程与特征,以期为深化公共文化服务政策研究提供参考。

第四节　主要研究特色

一、研究视角特色

本书以系统视角展示国内外公共管理重点研究内容及其热点主题,将公共管理的重点研究内容划分为八个部分,分别为行政体制改革、地方政府职能转变、地方治理能力、政府与社会关系、社会治理创新、社会组织改革、人民获得感和公共文化服务政策。通过对国内外公共管理研究的相关文献进行计量研究,梳理出研究热点主题。而研究热点主题作为公共管理学科领域发展过程的具体体现,通常是公共管理实践中反映出的核心问题。

本书搜集的信息不仅包括国内公共管理研究文献,而且包括国外公共管理研究文献。在搜集的基础上,对公共管理研究热点主题进行全方面、多角度的分析,以把握公共管理研究热点主题的发展动态,探寻当代中国乃至世界范围内公共管理学的研究趋势,促进学科的科学性、规范性和国际化发展,系统透视国内外公共管理研究及其热点主题的知识图谱。

二、研究内容特色

公共管理学的研究对象不仅呈现出多元化发展趋势,而且在各研究主题领域中,越来越多的话语表达具有鲜明的中国特色和中国风格。

本书中的"国内地方政府职能转变研究"和"国内人民获得感研究"等,与中国国情、具体公共管理实践紧密相关。对此进行研究,有助于产出具有中国特色的公共管理思想、理论成果,从而指导解决现实中的公共管理问题。

三、研究方法特色

本书所采用的研究方法对当前公共管理领域的相关研究有一定的补充价值,有助于全面、系统、综合分析公共管理研究领域。

本书采用文献计量法,以数学和统计学方法为基础,对公共管理领域及其热点主题进行知识图谱透视,对具有不同数据特征的文献进行定量与定性分析,从而揭示公共管理文献信息规律、学科发展趋势和热点问题。可视化知识图谱弥补了传统统计图表的不足。将文献计量法和可视化知识图谱相结合,对国内外公共管理研究的研究热点与时间分布、高频关键词及频次、发文量趋势等方面进行分析比较,以探求国内外公共管理领域的研究现状、热点及发展趋势,厘清公共管理研究的知识逻辑与脉络,提升公共管理研究质量和学术元意识。

第二章

国内外行政
体制改革研究

作为公共管理永恒的话题和内容,行政体制是国家治理体系的重要组成部分,是满足社会公共需求的重要支撑。行政体制改革是指为了适应环境变化而对政府行政管理的各个方面进行的调整、变革和创新。行政体制改革作为一个政治、组织和心理的过程,是围绕改革的目标进行的,这一目标具体表现在制度、运作和理念三个层面上。[①]

20世纪70年代以来,行政体制改革运动波及全球,特别是西方发达国家的行政体制改革打破了传统理论与管理模式的束缚,被形象地称为"政府重塑""治道变革""政府再造"等。新中国成立以来,特别是改革开放以来,我国根据不同时期的政治、经济、社会发展水平,以机构改革为主导进行过多次行政体制改革,中央和地方政府机构及其职能结构发生了深刻变化。

第一节 数据来源

在 SSCI 中,以"主题=reform of administrative system OR administrative system reform OR administrative structural reform OR administrative reform OR system reform",限定 WOS 类别为 political science、public administration、management,限定文献类型为 article、review、proceedings paper 进行检索,人工剔除无效信息后,共获得4794篇文献。以中国知网为数据来源,采取高级检索方法,文献来源为核心期刊,以"主题=行政体制改革"进行检索,人工剔除无效信息后,共获得1790篇文献。检索日期为2019年10月10日。

[①] 竺乾威.公共行政的改革、创新与现代化.上海:复旦大学出版社,2018:18.

第二节　研究的基本状况

一、年代分布

SSCI中关于行政体制改革的第一篇研究文献发表于1916年。相比之下,国内关于行政体制改革的研究起步较晚,CNKI核心期刊中关于行政体制改革的第一篇研究文献发表于1992年。具体来看,1989年以前,SSCI收录的相关研究文献数量较少;1991—2009年,相关研究文献数量逐渐增长;2009年达到峰值(254篇);2009年后,相关研究文献数量趋于稳定。CNKI核心期刊中,有关行政体制改革研究的文献数量在1992—2013年间略有波折,但总体呈上升趋势,于2013年达到峰值(162篇);2013年后,总体呈下降趋势。(见图2-1)

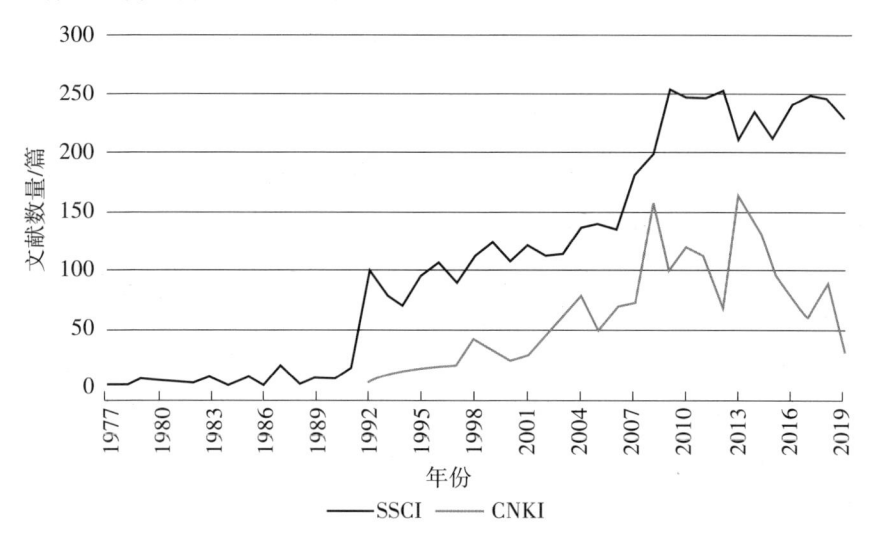

图2-1　SSCI和CNKI核心期刊中行政体制改革研究文献量的年代分布

二、优势国家(地区)/机构与核心作者

SSCI中行政体制改革研究文献发文量排名靠前的国家(地区)见图2-2。图中的圆圈代表国家(地区),圆圈的大小与发文量成正比。美国是图中圆圈最大的,总发文量高达1496篇,英格兰、挪威、德国、意大利、荷兰等国家紧随其后,这些国家(地区)的科研实力突出。其他发文量较高的国家(地区)还有西班牙、比利时、丹麦等。

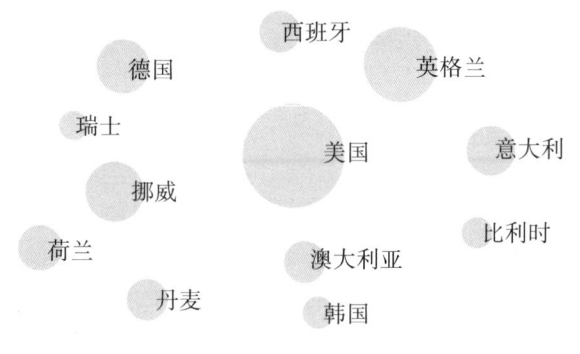

图2-2 行政体制改革研究文献发文量排名靠前的国家(地区)

国内外行政体制改革研究文献发文量排名前五位的机构见表2-1。在国外机构排名中,发文量排名前五位的机构来源集中于英国和美国。可见,英、美两国在行政体制改革研究领域实力强劲。从CNKI核心期刊数据来看,发文量排名前三位的机构分别是中共中央党校(国家行政学院)、北京大学和中国人民大学。

表2-1 SSCI和CNKI核心期刊中国内外行政体制改革研究文献发文量排名前五位的机构

排序	SSCI		CNKI	
	机构	发文量/篇	机构	发文量/篇
1	University of London	152	中共中央党校(国家行政学院)	116
2	University of California System	105	北京大学	61
3	Harvard University	69	中国人民大学	53
4	The London School of Economics and Political Science	62	中国行政管理学会	51
5	University System of Georgia	56	中国政法大学	45

SSCI 数据显示，行政体制改革研究领域拥有数量可观的研究者，4794 篇文献来自 6479 名作者，可见研究者之间多采用合作模式。其中，发文量最高的作者是来自挪威奥斯陆大学的 Christensen，发表了 21 篇论文。相关文献发文量大于 10 篇的作者有 7 位，占作者总量的 0.11%。5534 名作者只发表过 1 篇相关文献，为作者总量的 85.41%。CNKI 核心期刊中，相关文献发文量排名前两名的作者分别为汪玉凯（14 篇）和薄贵利（12 篇），均来自国家行政学院。由此可见，不管是国外学界，还是国内学界，行政体制改革研究领域的核心作者不多。

三、学科和期刊来源

行政体制改革研究文献在 SSCI 中，主要分布在公共管理、商业经济等领域；而在 CNKI 核心期刊中，主要集中在政治学、管理学等领域。

根据 SSCI 数据，研究文献的期刊来源分布较分散。排名前十位的期刊载文量占总发文量的 23.47%。载文量排在第一位的期刊为 *Public Administration and Development*，占 3.44%。*Public Administration Review* 的发文量也较高，居于第二位。从 CNKI 核心期刊来看，载文量排名前十位的期刊载文量占总发文量的 31.28%。其中，排名第一位的期刊是《中国行政管理》，载文量以 275 篇遥遥领先于其他期刊，占总发文量的 15.36%。除此之外，载文量较高的期刊还有《人民论坛》《云南行政学院学报》《国家行政学院学报》《理论与改革》等。（见表 2-2）

表 2-2　SSCI 和 CNKI 核心期刊中行政体制改革研究文献发文量排名前十位的期刊

排序	SSCI	CNKI
1	*Public Administration and Development*	《中国行政管理》
2	*Public Administration Review*	《人民论坛》
3	*International Review of Administrative Sciences*	《云南行政学院学报》
4	*Social Policy & Administration*	《国家行政学院学报》
5	*Public Administration*	《理论与改革》

续表

排序	SSCI	CNKI
6	*Issues & Studies*	《瞭望》
7	*Australian Journal of Public Administration*	《中国党政干部论坛》
8	*West European Politics*	《政治学研究》
9	*Administration & Society*	《领导科学》
10	*Journal of Public Administration Research and Theory*	《行政论坛》

第三节 研究热点主题的知识图谱解析

一、研究热点主题的识别

文章的关键词体现了文章的核心研究内容。对文章的关键词进行分析，可以在一定程度上分析出研究热点和趋势。运用 CiteSpace 软件对 SSCI 中国外行政体制改革研究的高频关键词进行分析。图 2-3 中圆圈的大小与关键词的词频成正比。跟检索主题紧密相关的词有 administrative reform、new public management、management 等，说明改革、管理等是主要的研究主题。除此以外，governance、state、policy、government 等高频关键词表明，治理、政府、政策等是国外行政体制改革研究的热点主题。

图2-3　国外行政体制改革研究高频关键词图谱

运用CiteSpace软件对CNKI核心期刊中的国内行政体制改革研究的高频关键词进行分析。CNKI核心期刊中排名靠前的高频关键词有体制改革、行政体制、改革、依法行政、国家治理等(见图2-4)。可见,研究主题更多聚焦在行政管理体制与机构部门改革之上。同时,从制度创新、政府改革、放管服、简政放权、公共行政、政府职能、创新驱动等高频关键词可以看出,政府职能、政府创新也是该领域的研究热点。

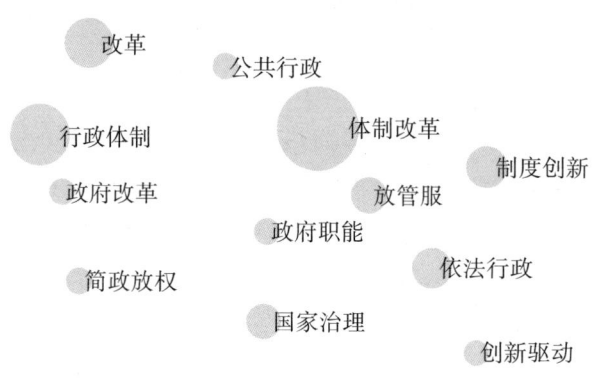

图2-4　国内行政体制改革研究高频关键词图谱

二、主要研究热点主题的综述

以Web of Science核心数据库和中国知网为平台,运用CiteSpace软件对国内外行政体制改革研究的高频关键词进行分析,发现reform、politics、policy以及行政管理、机构改革、体制改革等是当前学界主要的研究热点主题。结合对具体研究文献内容的梳理、总结,对国内外行政体制改革主要研究热点主题的综述,是围绕其含义、内容、动力、方向、影响等方面展开的。

(一)研究热点主题1:行政体制改革的含义

主要探讨不同国家行政体制改革的实际内涵。国内比较具有代表性的有:

一是对习近平同志关于行政体制改革的重要论述的研究。孙彩红(2019)认为,习近平同志关于行政体制改革的重要论述具有制度适应性、系统性、辩证性、扩展性、创新性等特点,其中包含了政府改革的目标、基本原则、指导思想、核心问题。这些论述对新时代抓住重要任务、处理好不同层次的多维度关系,继续深化和全面推进行政体制改革具有重要的指导价值。刘华(2020)认为,习近平同志关于行政体制改革的重要论述的基本内容突出体现为行政体制改革的核心是转变政府职能,目标是建立法治政府,保障是健全行政监督体系等方面。坚持党的全面领导,坚持以人民为中心的核心理念,坚持行政体制改革的系统性、整体性、协同性,树立问题意识的基本方法是其鲜明的理论特色。

二是对中国行政体制改革的特点的总结。何艳玲(2020)认为,中国行政体制改革进程基本与市场化吻合,在不同阶段先后呈现出适应市场(高效政府)、稳定社会(服务型政府)与人民满意(人民满意的服务型政府)的基本逻辑和价值取向,而其共同之处则在于回应由市场化所塑造的社会差异性。

国外研究中,比较具有代表性的有:Bellone等(1992)突破官僚制,从采用创新方式治理城市时需要非常重视和妥善处理的方面着手,提出"企业家政府"模式,且对其内的四大价值冲突和价值矛盾进行了反思。Larry等(1998)认为,在公共选择理论、委托—代理理论等基础上建立起的"企业家政府理论"是经不起合法性深究的。欧文(1998)也认为公共行政改革的历史充满了失败的试验和技术,经济学作为理论基础应用于经济体系和私营部门是有成效的,但应用到公共部门的构想十分低劣。欧文在仔细比对了管理主义与新公共管理之后表示,可以在政府改革中适当引入创新的精神,并在明确区分公共部门和私营部门不同责任的基础上,加强政府的应有责任。Курілов(2019)揭示了欧洲和亚洲一些国家的行政改革以及行政区划的政治含义。

(二)研究热点主题2:行政体制改革的内容

主要探讨行政体制改革的关键内容,实质上回答的是"改了什么"的问题。

一是优化政府组织机构。国内学者开展了一系列研究,如对新中国成立以来历次机构改革的内容和方式进行对比,对政府机构改革的特点和亮点进行归纳,对机构改革中的中央和地方党政部门设置等进行梳理。李瑞昌(2018)认为,改革开放以来,党和国家机构改革遵循着从政府自身建设到国家治理体系与治理能力现代化的逻辑,走出了一条从最初"瘦身"到"转身",再到"强身",最后到而今"健身"的改革路径。随着机构改革的深入推进,政府概念也从狭义的政府转向广义的政府,改革范围扩大到党政军群机构,改革目标演变为国家治理体系和治理能力现代化。唐任伍等(2018)提出,改革开放以来,为解决党和国家机构设置和职能配置中存在的职责重叠、分散交叉等现实问题,中国已进行了8次政府机构改革,而一直以来对效率、公平和正义的追求构成了政府机构改革的元动力。吕志奎(2019)认为,改革开放以来,中国政府机构改革经历了3次具有决定性意义的"跃迁":第一次跃迁改革思路从精简行政机构向转变政府职能拓展,第二次跃迁改革思路从转变政府职能向行政管理体制改革拓展,第三次跃迁改革思路从行政管理体制改革向国家治理体系现代化拓展。这3次"跃迁"从整体上推动了中国特色社会主义行政体制不断完善、走向成熟。文宏等(2020)认为,中华人民共和国成立70年来,行政体制大致经历了改革开放前的4次改革和改革开放后的8次较大规模的改革探索,为经济增长和社会发展提供了重要的组织保障,也为构建具有中国特色的现代化治理体系奠定了坚实的载体基础。许耀桐(2018)认为,纵观政府机构改革历程,取得了3个显著成效,即建立起了适应市场经济体制的机构配置,从单纯精简机构到实现政府职能的转变,极大地提升了政府治理能力；积累了5条成功经验，即政府机构改革要服务于经济体制改革，要自上而下地展开，要围绕政府职能转变，要遵循依法推进路径，要实行渐进式策略。孙涛等（2018）提出，改革开放40年来，历次政府机构改革基本上均是围绕"精兵简政、转变职能、优化结构、提高效率"这一主线，特别是在政策导向层面，机构改革与职能转变历经从"被动配合"到"主动作为"的转变，而新一轮党政机构改革更是以职能逻辑为主线，呈现出整体性和协同性的特征。李文钊（2019）认为，新时代机构改革意味着中国改革治理范式变迁实现了从演化主义治理、实验主义治理向设计主义治理的转变，顶层设计在改革中发挥着更为重要的作用，实验和演化逻辑服从设计的逻辑。付杨等（2019）认为，中国中央政府的机构改革历经了以权力为中心到以政府运作程序为中心，再回归以权力为中心的过程。沈亚平等（2020）提出，新时代机构改革深刻揭示了党政分工的内在逻辑，一方面需要加强党管重大决策、纪检监察、干部人事、意识形态、统一战线职能，另一方面需要完善政府的经济调节、市场监管、社会管理、公共服务、生态环境保护职能，而未来的机构改革还应在增强党的领导力、提高政府执行力、统合"大部制"和"双合制"改革、科学配置党政部门内设机构权力和职责、推进国家组织法律和党内组织法规建设等方面下功夫。王孟嘉（2020）从协同论的角度，深刻分析了2018年党和国家机构改革中党政关系改革领域主要是基于整体主义立场的协同创新，基于主体间性关系建立的央地协同发展关系、横向部门间的复合型水平分工与协同关系，以及为弥合行政体制改革与司法体制改革之间裂痕而构建的新型嵌入式关系等深层次效应。在中央和地方政府机构设置上，刘朋朋（2019）认为，政府机构同构是中国政府机构改革的主旋律，是政府条块管理体制下中央与地方政府职能有效传接的组织保障。

二是理顺政府管理层级。理顺政府管理层级研究主要围绕"省管县"体制的改革。随着经济和社会的发展，"市管县"体制已越来越明显地呈现出各种弊端，故而不少学者认为，改革现行市管县体制，构建省直接管理县（市）的扁平化公共行政体制，减少行政层级是大势所趋。王庭槐等（1995）指出，只有从市管县逐步过渡到省管县，才能从根本上消除中国行政管理层次多、机构臃肿等问题。孙学玉等（2004）提出，构建省直接管理县（市）公共行政体制，将是中国行政区划改革和发展的必然选择。陈达云等（2007）提出，省管县的好处主要有两点：其一，"省管县"以后，县里直接和省级政府联系，以使省级政府更能体察县的难处，相关省级领导更容易看到当地政治、经济、文化发展的真实一面，而更高一级政府在人力、财力方面也更有能力提供必要的支持；其二，"省管县"以后，中央和省的财政支持可直接到达县里，少了市/州一级的"分红"。庞明礼（2007）在对"市管县"体制的悖论进行分析的基础上，论证了"省管县"的现实和理论可行性以及可能产生的问题，从而为中国地方行政体制改革厘清思路。

三是大力推进"放管服"改革。张占斌等（2019）认为，中国"放管服"改革作为行政体制改革的核心，其实质是国家治理现代化在政府层面的贯彻与实施，是政府以"放"为核心、以"管"为抓手、以"服"为支撑的系统化、协同化的行政体制改革。李水金等（2019）从全球视角来看，认为每个国家都有制度比较优势，"放管服"改革完全有可能移植西方国家公共管理改革的优秀成果，比如放松管制、流程再造、公私合作伙伴关系、顾客导向、竞争机制等，推进"放管服"改革，进而推动中国行政改革的深入发展。

四是改革包括职能转变、方式创新等方面内容。马洪晶（2021）指出，行政体制改革是指对行政体制中各个要素及其关系的革新，包括机构数量的调整、政府职能的转变、权力的变革、手段方式的创新等方面内容。杨迎（2017）认为，行政体制改革是一个系统而复杂的工程，即"行政体制改革是政治体制改革的重要内容，是中国改革发展事业的重要组成部分"。一般情况下，中国的行政体制改革包括行政权力结构变革、行政组织机构调整、行政管理制度和行政手段方式创新等方面内容。

国外研究中，比较具有代表性的有：Greve Carsten 等（2020）在调查了丹麦、芬兰、冰岛、挪威和瑞典等国家的行政体制改革经验之后，发现的研究问题是"北欧公共部门高管是如何感知改革进程、趋势、内容和管理工具的"。他们应用渐进式制度变迁理论，研究表明：北欧国家是务实和有动力的改革者，行政改革活动和公众参与程度非常高；改革的目标是改善服务，而不是削减成本。Kurilov（2019）认为，国家正在改革的路上，特别是进入了分权化的改革;尝试分析分权和行政改革的深入程度,而且假设除了分权之外,权力的区域化不可能是实际的,而是从理论和方法的角度来看的;进一步分析了印度的行政改革,以确定这些改革的哲学、文化和意识形态基础。Noor Mohammad Masum(2018)提出,总体而言,印度官僚机构在维持行政的连续性以及在此过程中的社会文化融合、持续的经济发展和政治稳定方面仍然表现良好。Chonghee HAN 等(2017)回顾了韩国过去20年来的行政体制改革,认为该领域的主导模式和理论,即新公共管理、后新公共管理和传统公共行政在实施措施方面一直处于融合状态,没有一个连贯的改革模式;强调改革运动既不能挑战也不能破坏传统的官僚机构;认为改革运动是环境事件和背景因素复杂混合的结果,因此,设计审慎的改革战略对于实现更有效的公共部门管理是至关重要的。

(三)研究热点主题3:行政体制改革的动力

说明改革的内在动力,实质上回答的是"为何要改"这一问题。行政体制改革的动力是国内外公共管理学界研究的核心部分,众多学者不约而同地探讨这个问题,力求找到促进行政体制改革的推动力。

第一,国内多数学者认为行政体制改革的内生动力是解决社会矛盾。比如,马洪晶(2021)提出,行政体制改革其实就是要着力解决不同时期的主要矛盾,而新的社会矛盾出现或者变化就是行政体制改革的动力。与此观点类似的是,蒋硕亮等(2019)认为,中国行政体制改革的逻辑基础是解决社会主要矛盾,提高行政效率。当新的社会矛盾出现时,政府必然会对组织结构、权力关系、管理手段及方式等进行革新,由此行政体制改革便应运而生。王立刚(2019)提出,正是为了满足我国社会主要矛盾历史性变化的客观需要,而推进党和国家机构改革。

第二,也有学者从其他角度分析行政体制改革的动力。周悦等(2015)从交易成本角度分析,认为行政体制改革的动力源泉涵盖了行政成本、协调成本、决策成本、信息成本、寻租成本等要素,而制度变迁的路径依赖、利益集团的机会主义和公职人员的有限理性是行政体制改革中交易成本偏高的重要原因。杨佳(2019)认为,智能行政的出现为行政管理体制改革提供了巨大的动力,促进了政府管理职能的现代化发展。周光辉(2018)认为,现代化与全球化不仅是促成中国行政改革的动因,也是推动行政改革不断深化的不竭动力。胡佳(2009)在总结中国行政体制改革动力的研究成果时,将行政体制改革的多元动力归结为国际方面的动力、国内方面的动力及行政系统的内部动力。崔苏菁等(2013)指出,经验积累层面上的实践动力和现行局势层面上的现实动力是进一步深化行政体制改革的两大动力要素。

近年来,国外公共行政学者积极参与对行政改革动力的讨论。Michał Myck等(2020)梳理了波兰在保健、教育、养恤金和地方管理等领域进行的四项重大改革,认为发展进程中的区域包容性可能是维持波兰行政设计稳定性的一个重要因素。George等(2020)认为,机构和系统层面治理结构的兼容性对于理解这些行政集权的努力至关重要。研究发现,令人信服的支持,即联邦预算过程的行政集权加强了行政部门的预算稳定性和一致性,同时导致独立机构的预算业绩口径较低。这些发现意味着,只有当公共机构在结构上适合行政改革时,系统一级的行政集权努力才可能有效。Danar Oscar Radyan等(2020)介绍了印度尼西亚作为东南亚发展中国家之一,有着复杂的殖民历史遗产的行政改革的基本经验。研究从行政改革的理论视角出发,分析了制度安排在修复改革轨迹中发挥的关键作用。Raoul Tamekou(2020)探讨了行政改革对喀麦隆政治—行政秩序的影响及其动态关系。可以证明的是,虽然多年来改革已被视为一种专门技能和构建公共行动的客观框架,但它仍然受到组织宗旨以外的各种理由的困扰。Jreisat(2018)认为,中央集权、人口激增、低经济增长、在公共职位招聘中过度依赖赞助和腐败等因素阻碍着行政改革。行政改革需要解决这些阻碍,而且要培养有技能和道德的组织领导人。Sungurov等(2018)认为,兴趣团体更多地参与,有助于更好地实施行政改革。

(四)研究热点主题4:行政体制改革的方向

主要在于解释改革的未来方向,实质上回答的是"改向什么"这一问题。

一是围绕建设人民满意的服务型政府的行政体制改革方向。孔杰(2020)指出,建设服务型政府必须培养服务行政理念,清除官本位意识;转变政府职能,理顺职责关系;推行电子政务,创新服务方式;完善监督机制,强化社会监督;加强队伍建设,提高服务水平。何甜甜(2012)提出,行政管理体制改革的突破口和切入点是建设服务型政府,按照服务型政府的要求来总体规划行政体制改革。王彩梅等(2017)将建设服务型政府作为中国行政体制改革的本质要求、基本目标、主要方向、核心内容和关键环节,同时将行政体制改革作为建设服务型政府的基本前提、根本途径、必然要求、主要动力和基本的制度性框架,从而在行政改革视域下,在持续深化改革进程中不断挖掘服务型政府内涵,加强服务型政府建设。张宝桐(2018)认为,在行政改革创新过程中,柔性管理发挥着非常重要的作用。促进服务型政府转型,创造出推动行政改革的有利条件,才能够深化行政改革。要求由集权行政向民主行政转变,由人治行政向法治行政转变,由管理行政向服务行政转变,由粗放行政向科学行政转变。段易含(2020)认为,行政体制改革与服务型政府理论演进相契合,建设人民满意的服务型政府是改革的未来方向。

二是推进数字政府建设与行政体制改革相协调。江小涓(2021)认为,随着数字政府的推行,行政体制改革更多地关注数字政府建设的要求,使行政管理体制改革能够更充分体现数字时代国家治理的特点与要求。在政府组织体系和职能优化过程中,为了适应数字政府建设要求,2018年以来,各地方政府将政务服务和大数据统筹管理作为行政机构改革的亮点。杨佳(2019)认为,应使行政管理体制从技能向智能过渡,而智能行政将会是未来行政管理发展的主要方向。

国外研究中,比较具有代表性的有:Hwang Kwangseon(2019)基于对文献的回顾,考察行政改革的复杂性及其影响。作者观察到,应对碎片化的协调措施增加了行政改革的复杂性,阻碍了行政改革,从而无法为未来的行政管理提供借鉴。无论是基于市场的改革,还是新韦伯主义的改革模式,都需要考虑改革发挥作用的条件以及原创性。Huque等(2019)指出,领导对行政体制改革具有重要作用。Dilani Maryam等(2019)认为,开放政府运动是一种新的和更有效的治理方式。

(五)研究热点主题5:行政体制改革的影响

阐述改革存在的影响,实质上回答的是"改的作用"这一问题。

一是有利于政府自身建设。李志强(2019)认为,深化机构和行政体制改革有利于建设人民满意的服务型政府。由于政府公信力是政府治理的基础,增强政府的公信力会使人民群众从心理层面更加愿意去了解政府、理解政府、信任政府,政府的执行力也会相应提高。只有政府公信力和执行力得到提升,才会有实现"建设人民满意的服务型政府"的可能。杨迎(2017)认为,行政体制改革有利于健全政府职能、提高行政效率。段尔煜(2008)提出,行政体制改革可以切实将政府应下放的权力放到位,使政府切实履行其应履行的职能;同时,行政体制改革还能逐一克服政府行政过程中存在的弊病,提高行政效率,实现从"全能政府"向"高效政府"的转变。

二是有利于推动政府与公民的良性互动。刘伟等(2021)指出,推进行政体制改革,实现政府治理现代化,需要系统地促进社会力量健康成长,充分发挥社会自组织的协同力,创造条件让公众参与到公共政策和治理的过程中。石亚军(2021)提出,以新发展理念落实行政体制改革,推进让人民群众直接评价政务服务的制度建设,有利于形成由政府、企业、人民团体、社会组织、公民个人共同参与、合作推动公共事务和公共生活发展的多元主体互动格局。孔繁斌等(2021)认为,形成有利于政策制定、及时准确反映经济社会发展需要和人民意愿的行政结构和体系,是转变政府职能的内在要求,是建设人民满意的服务型政府的重要遵循。

国外研究中,比较具有代表性的学者及其观点有:Ramos Raul等(2021)探讨了2000年代初罗马尼亚发生的后共产主义城市化浪潮的影响。根据2000—2014年的行政数据,采用双向固定效应双重差分研究设计,考察行政改革对受影响公社复原力的影响。研究表明,行政改革对社区韧性产生了积极的影响。Katarzyna Przybyła等(2018)讨论了行政改革对城市劳动力市场结构的动态和变化方向的影响。行政管理体制变更在城市发展中的作用并不像通常所认为的那样广泛,因为大中心经济增长的实际原因,或者一些原省会城市的萎缩,不能归结为改革本身的效果。

三、研究热点主题的变迁历程与特征

(一)研究热点主题的变迁历程

新中国成立以来,我国根据不同时期的政治、经济、社会、科技发展水平等情况,以体制推进和机构改革为主导,进行过多次行政体制改革,中央政府机构及其职能结构发生了巨大变化。以改革开放为分界线,改革开放以前的数次行政体制改革巩固了国家政权和计划经济体制,而改革开放以后的行政体制改革则是适应和推动了社会主义市场经济体制的完善。[①]本章着重梳理改革开放以来中国行政体制改革的发展脉络。改革开放以来,中国行政体制改革大致分为四个阶段:

第一阶段:从党的十一届三中全会召开到党的十四大召开之前(1978—1992年)。此阶段以机构精简和人员分流为重点,建立适应社会主义商品经济体制要求的行政体制。新中国成立初期,中国政府建立了以计划经济为基础的权力高度集中的行政体制。党的十一届三中全会提出改革开放,打破了高度集中的计划经济体制下的行政管理模式,开始对建立完善中国特色社会主义行政体制进行积极探索。1982年和1988年实施了两次集中的行政体制改革。1982年的行政体制改革,国务院部门从100个减为61个,人员编制从5.1万人减为3万人,进一步明确规定了各部门领导职数、年龄结构和文化层次。1988年的行政体制改革,国务院部委从43个减为41个,直属机构从22个减为19个,非常设机构从75个减为44个,人员编制减少9700多人。总体上,这一阶段的改革重点是适应工作重点转移、转变职能、理顺关系、精简机构人员、提高工作效率。这一阶段的行

---

① 宋世明.中国行政体制改革70年回顾与反思.行政管理改革,2019(09):30-45.

政体制改革,激发了经济社会活力,促进了社会生产力的解放和发展。

第二阶段:1993—2002年。此阶段以减少对微观经济干预为重点,初步建立适应社会主义市场经济体制要求的行政体制。1993年的行政体制改革后,国务院原有组成部门41个,调整为40个,减少1个;原有直属机构19个,调整为13个,减少6个;原有办事机构7个,调整为5个,减少4个。国务院的非常设机构也进行了大幅度裁减,由85个减少到26个。1998年的行政体制改革后,政府职能进一步转变。撤销了10个工业专业经济部门,国务院组成部门从40个减为29个。这一阶段的改革重点是转变职能、推进政企分开、明确部门职权、理顺权责关系、精简机构、压缩人员编制。这一阶段的行政体制改革后,我国初步建立了适应社会主义市场经济体制要求的行政体制。

第三阶段:2003—2012年。此阶段以公共服务体系(服务型政府)建设为核心,通过完善政府职能体系来深化中国特色社会主义行政体制改革。党的十六大以来,行政体制改革的主要任务是推进服务型政府和法治政府建设。党的十六大报告提出:完善政府的经济调节、市场监管、社会管理和公共服务的职能。党的十六届六中全会通过的《中共中央关于构建社会主义和谐社会若干重大问题的决定》完整论述了我国公共服务体系的主要内容。党的十七大报告提出,加快行政管理体制改革,建设服务型政府。党的十七届二中全会通过的《关于深化行政管理体制改革的意见》确立了深化行政管理体制改革的总体目标:到2020年建立起比较完善的中国特色社会主义行政管理体制。通过改革,实现政府职能向创造良好发展环境、提供优质公共服务、维护社会公平正义的根本转变,实现政府组织机构及人员编制向科学化、规范化、法制化的根本转变,实现行政运行机制和政府管理方式向规范有序、公开透明、便民高效的根本转变,建设人民满意的政府。党的十七届五中全会通过的《中共中央关于制定国民经济和社会发展第十二个五年规划的建议》明确指出,坚持民生优先,推进基本公共服务均等化,努力使发展成果惠及全体人民。这一阶段的行政体制改革,突出围绕公共服务体系建设真正转变政府职能,围绕公共服务体系建设着力优化政府组织结构,以公共服务为重点改进行政运行机制,加大财政投入,努力推进基本公共服务均等化。

第四阶段:2013—2018年。此阶段以深化"放管服"为重点加快转变政府职能,推进政府(国家)治理现代化。2013年的行政体制改革,将国务院组成部门调整为25个。实行铁路政企分开,组建国家铁路局,由交通运输部管理;组建中国铁路总公司,承担铁道部的企业职责。组建国家卫生和计划生育委员会、国家食品药品监督管理总局、国家新闻出版广播电影电视总局,重新组建国家海洋局、国家能源局。2018年上半年的行政体制改革,主要从完善坚持党的全面领导制度、合理配置宏观管理部门职能、完善党政机构布局、赋予省级及以下机构更多自主权、依法管理各类组织机构等5个方面作了部署。这一阶段的行政体制改革,实现了政府治理新跨越,给实现"两个一百年"奋斗目标提供了强力支撑和保障。

国外行政体制改革的发展脉络。20世纪70年代末,西方国家开始研究如何解决由于迅速扩大的行政机构所带来的问题,如削减财政赤字、控制政府开支、减少公务员数量、重视市场机制、充分调动民间各类社会与经济组织的活力、实行小政府管理模式的改革。20世纪80年代以来,经济全球化和信息化加速发展,为了缓解政府管理面临的新压力,以美国、英国等西方发达国家为代表,世界各国普遍进行了以市场化为导向的公共行政改革,形成了世界范围的行政改革浪潮,在控制机构规模、降低行政成本、提高行政效能等方面取得了巨大成效。1982年,法国在地方分权改革的基础上重塑了中央与地方的关系。英国、日本、西班牙等国家在维护单一制国家结构的前提下,不断向地方政府下放财政和公共事务管理权限,使地方政府转变成相对独立的准自治地方政府。同时,通过撤销、合并等方式扩大地方政府管理幅度,增加管理半径,降低管理成本;通过建立垂直管理体系和加强政府间合作等方式,协调中央与地方政府之间的关系。20世纪90年代,西方国家开始推行绩效管理。值得注意的是,服务承诺制是英国行政体制改革的一个重要组成部分。英国自20世纪90年代开始建立现代公共支出和绩效管理框架,制定"公共服务协议",在全国推行政府社会服务承诺制,由中央政府制定出数十个全国性的工作绩效标准并向社会公布。1999年,布莱尔政府继续推进以质量和顾客满意为导向的绩效管理,出台《政府现代化白皮书》,实施"全面绩效评估",使财政绩效管理成为行政管理改革的"助推剂"。1993年,美国通过《政府绩效与结果法案》,使美国政府绩效评估和管理走上了制度化轨道,同时成立国家绩效评审委员会以推动联邦政府绩效管理改革;之后,相继出台《政府绩效与结果现代化法》(2010年)、《数据问责与透明法》(2014年),持续推进政府绩效管理。澳大利亚、新西兰、法国等国家也在政府预算绩效改革方面取得了举世公认的成效。比如,1999年,澳大利亚通过《公务员法》《财政管理与问责法》等,对公务员实施绩效责任制;2013年又发布《公共管理、绩效和责任法》,为所有公共部门确定了治理、绩效、责任以及资源运用的新框架。

总体上,当代西方国家的多轮行政体制改革实践,体现了从公共行政向公共管理转变的过程,是公共管理对公共行政的三大扬弃与超越的过程,即从行政权力的有效配置走向公共物品、公共服务的有效供给,从单中心管理控制走向网络化的协同共治,从科学行政、依法行政的统一走向科学行政、依法行政、效能行政的统一。①

(二)研究热点主题的特征

通过对 reform、politics、policy 以及行政管理、机构改革、体制改革等研究热点主题进行文献梳理,发现大多数相关文献与实践探索紧密相关。研究热点主题呈现出以下特征:

第一,在研究内容上,行政体制改革理论与范式相对丰富。国内学者注重本土化改革的归纳与提炼,特别是对重要时间节点的集中式总结,较少借鉴、对比国外相关研究。近年来,中国行政体制改革实践持续推进,学界对此保持了高度的关注,相关研究文献也层出不穷。这些文献既有对改革经验的系统把握与归纳提炼,又有对行政体制改革具体改革措施的介绍和分析,但对国外行政体制改革的理论探讨和改革经验的借鉴研究不多。比如,刘伟等(2021)对党的十九大以来行政体制改革的推进战

---

① 宋世明.从公共行政迈向公共管理——当代西方行政改革的基本发展趋势.国家行政学院学报,2018(01):120-126.

略及实现路径进行了梳理;何艳玲(2020)、刘华(2020)、蒋硕亮等(2019)、宋世明(2019)梳理了新中国成立70年以来行政体制改革的逻辑、价值取向、样态及趋向等;马宝成等(2018)、于君博(2018)对改革开放40年以来中国行政体制改革的主要历程、成就、经验和未来展望进行了分析。

第二,在研究方法上,侧重于规范研究,而实证研究相对较少。Kim Li等(2019)通过系统回顾英语语言期刊中有关中国行政管理改革的研究,认为就行政管理改革的研究方法而言,定性方法使用频率高于定量或混合方法。现有文献大多是从规范角度对行政改革问题进行分析阐释,运用实证方法进行研究的成果相对较少;运用演绎推理,而非用数据、模型、田野调查等实证方法来研究行政体制改革的方向、特点、动力等。苏保忠等(2006)认真梳理、归纳和提炼学界和政府有关深化行政管理体制改革的思路、观点和建议,着重指出下一步行政管理体制改革应注意的问题。李金龙等(2006)从管理理念、法定地位、行政权限、管理职能、运行机制和协调机制等维度,对高新区行政管理体制进行了探讨。石亚军等(2011)探讨了中国行政管理体制改革中的"部门利益"问题,从理论层面对部门利益进行了界定与分析。总之,实证研究方法在国内行政体制改革研究领域仍有很大的发展空间。

第四节 小结

在世界各国的行政体制改革中,大部分都体现了强调有限政府、实行还权于民、倡导服务导向、追求行政效率、鼓励民营化的特点。可见,目标模式的选择具有一定的共性。现代公共管理制度具有一般性、普遍性和规律性特征,反映世界政府发展的基本方向。西方国家的行政体制改革以"全球化""有限政府""第三条道路"等理论为依据,突出了私有化改造、市场化取向、社会化分权、第三部门发展的改革重点,着力塑造以"善治"为目标、以私有化为基础、以代理制为形式的现代有限政府形象。

中国行政体制改革需要从现实国情出发,实事求是,科学合理确定改革思路,正确把握政府与社会、市场之间的关系,客观如实地选择推进改革的可行路径,抓住行政体制改革的关键环节,着眼于当时经济社会发展中的突出矛盾和问题,适时对行政体制进行变革和调整。

行政体制改革研究是近年来国内外学界普遍关注的热点话题。基于知识图谱理论,对行政体制改革研究领域的关键词、研究机构和核心作者进行分析,有助于促进该领域研究的不断深入。

本章运用 CiteSpace 软件对行政体制改革研究状况进行梳理,发现国内外学界对行政体制改革的含义、难点、动力、方向、影响等方面进行了研究。在研究内容上,行政体制改革理论与范式相对丰富;在研究方法上,侧重于规范研究,而实证研究相对较少。对行政体制改革的研究状况进行梳理,有助于厘清行政体制改革研究的知识逻辑脉络,提升行政体制改革研究质量和学术元意识。

第三章

国内地方政府
职能转变研究

在世界各地,政府正成为人们注目的中心。全球经济具有深远意义的发展使我们再次思考关于政府的一些基本问题:它的作用应该是什么;它能做什么和不能做什么;它应如何最好地做它该做的事情。[①]

政府职能也称为行政职能,其核心的价值在于回答政府"应该做什么""不应该做什么"的问题。学界关于政府职能的研究和争论一直在持续,对于政府承担维护社会秩序、保证国家和公民的安全等服务于公共利益的职能已经达成一致,但对于政府与经济生活关系的主张经历了从"守夜人政府""全面干预""回归小政府"到"第三条道路"的演变。而现实中,政府职能也在摸索中不断发生转变,持续优化,无论是西方还是中国,政府职能转变经历了一个政府、市场和社会边界不断调整、逐渐达到平衡的过程。

2020年12月,肖捷在《人民日报》发表文章《加快转变政府职能(学习贯彻党的十九届五中全会精神)》,强调要加快转变政府职能,建设职责明确、依法行政的政府治理体系。党的二十大报告进一步指出:转变政府职能,优化政府职责体系和组织结构,推进机构、职能、权限、程序、责任法定化,提高行政效率和公信力。可以看出,地方政府职能转变是深化行政体制改革的重要组成部分,也是国内学界高度关注和研究的重要领域。

第一节 数据来源

以中国知网为平台,采用高级检索方法,文献来源为核心期刊,以"主题=地方政府与基层政府 AND 主题=职能转变"进行检索,人工剔除无效信息后,共获得283篇文献。检索日期为2019年11月25日。

[①] 杨再平.重新思考政府:一个世界性的课题——评世界银行1997年世界发展报告《变革世界中的政府》.国际经济评论,1998(Z1):60-62.

第二节 研究的基本状况

一、年代分布

通过梳理文献可知,有关国内地方政府职能转变研究的文献数量总体上呈上升趋势。其中,最早的研究文献发表于1992年,作者是复旦大学的林尚立。从时间分布来看,1992—2004年是国内地方政府职能转变研究的早期发展阶段,文献量较少,增长速度缓慢;2005—2011年是中期发展阶段,文献量增长明显;2012—2019年是近期发展阶段,文献量总体上较之前有所增长,并于2015年达到峰值(26篇),但有一定的波动。(见图3-1)

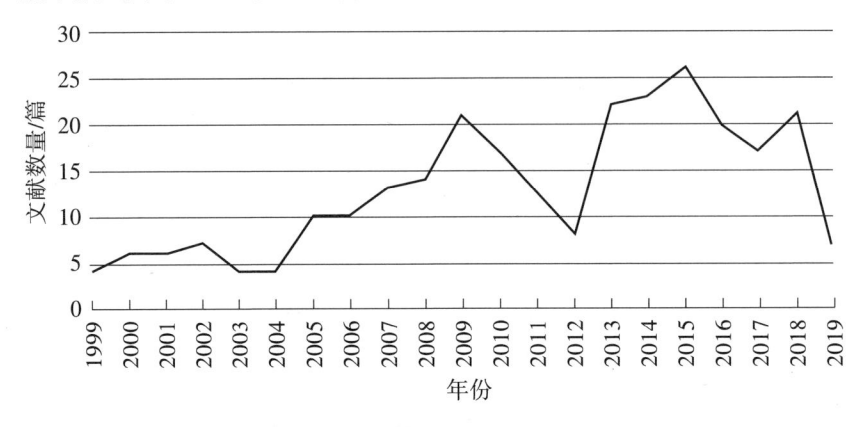

图3-1 CNKI核心期刊中国内地方政府职能转变研究文献量的年代分布

二、核心作者与机构分布

从核心作者来看,在国内地方政府职能转变研究中,苏州大学的沈荣华(7篇)、东北财经大学的刘义胜(5篇)、中山大学的陈天祥(4篇)最为突出。沈荣华的研究多是从理论上探讨地方政府职能转变问题,如地方政府职能转变的思路、路径等,实证研究则是对苏州关注较多。刘义胜的研究主要从财政体制的角度探讨地方政府职能转变问题。陈天祥的研究更多是实证研究,基于广东的数据来探讨地方政府职能转变问题。

从机构分布来看,国内地方政府职能转变研究的优势研究机构主要集中在高校。其中,南开大学(13篇)、苏州大学(9篇)以及浙江大学(8篇)的发文量位列前3名。但是,绝大多数机构的发文量不突出,都在3篇以下。

三、学科和期刊来源

国内地方政府职能转变研究的学科特色十分明显,主要分布在公共管理学和政治学两大领域。除此以外,还有不少文献分布在经济学领域,包括国民经济学、财政学、区域经济学、城市经济学等学科。这也反映了国内地方政府职能转变是一个综合性的研究领域,对其理念、实践、路径等层面的综合性研究是公共管理学、政治学的主要研究方向,对其经济职能、社会职能、生态职能等基本职能的研究则散见于相关学科。(见表3-1)

表3-1 地方政府职能转变研究文献学科分布前十位

排序	学科
1	公共管理学
2	政治学
3	国民经济学
4	财政学
5	区域经济学
6	城市经济学
7	社会学
8	法学
9	新闻传媒学
10	环境学

从期刊来源来看,多是政治学和管理学领域的期刊,见表3-2。总体上,国内地方政府职能转变研究的文献分布较为分散,没有特别集中在某些期刊上。其中,《中国行政管理》载文量最大,占比7.773%,载文量较大的期刊还有《人民论坛》、《理论导刊》、《行政论坛》和《上海行政学院学报》。

表3-2 国内地方政府职能转变研究文献发文量排名前五位的期刊

排序	期刊	发文量/篇
1	《中国行政管理》	22
2	《人民论坛》	10
3	《理论导刊》	6
4	《行政论坛》	6
5	《上海行政学院学报》	5

第三节 研究热点主题的知识图谱解析

一、研究热点主题的识别

运用CiteSpace软件对CNKI核心期刊中国内地方政府职能转变研究的高频关键词进行分析，阈值设定为20，频率设定为大于5。图3-2中圆圈大小与关键词的词频成正比。国内地方政府职能转变的研究热点主题跟检索词有关，地方政府、职能转变、政府职能、机构改革、政府绩效、公共价值、地方治理、简政放权等是国内地方政府职能转变的研究热点主题。

图3-2 国内地方政府职能转变研究高频关键词图谱

通过统计分析2012—2019年的高频关键词,推断出近年来国内地方政府职能转变研究热点主题。除了跟检索词相关的地方政府、职能转变等词,文献中的关键词还有政府形象、权力清单、新媒体、社会治理、政府改革、行政审批、职能定位等。这些关键词是近年来才频繁出现的,从一定程度上体现了地方政府职能转变的研究前沿和趋势。

二、主要研究热点主题的综述

政府职能转变是指国家行政机关在一定时期内,根据国家和社会发展的需要,对其职能的范围、内容和方式做出的调整和变革。政府职能转变的理论研究与实践探索紧密关联,随着实践层面的不断深化,国内学者对于地方政府职能转变进行了一系列研究,形成了相关理论研究体系。

以中国知网为平台,运用CiteSpace软件对国内地方政府职能转变研究的高频关键词进行统计分析。根据统计分析结果,可知职能转变、政府职能、机构改革、政府绩效、公共价值等是当前学界主要的研究热点主题。结合对具体研究文献的梳理、总结,对国内地方政府职能转变主要研究热点主题的综述,是围绕政府职能的概念界定以及地方政府职能转变的动因、主要内容、困境、实现路径等方面展开的。

(一)研究热点主题1:政府职能的概念界定

主要探讨政府职能的概念界定。改革开放以前,国内学者尚没有使用"政府职能"这一概念。改革开放以后,最早讨论政府职能的学者是田穗生(1984)。他重述了马克思主义政府职能观,即控制性政治职能和满足经济社会发展需要的合理性职能。随后,李飞(1994)指出,在现代市场经济中,政府的基本职能主要由四个方面构成:发展规模经济、提供公共用品、克服外部性、克服信息不对称。张福成等(2007)提出,研究政府职能时,需要解决两个独立的问题,即政府应该做什么和应该如何去做。概括起来,市场经济条件下的政府角色或职能可以归纳为七个方面:对经济发展的基础构造提供思路、统筹供给资源等公共资源和公共物品与服务等、对矿产等公共资源进行生态保护、维护市场竞争的公平性和公正性、调节和分配收入、调节和解决社会冲突、确保宏观经济的稳定性。竺乾威(2017)进一步指出,政府职能通常是指政府做什么,主要涉及三个方面:政府职能定位、政府职能重心和职能行使方式。李军鹏(2021)指出,"十四五"时期政府职能转变的主要目标应是建设职能科学、结构优化、廉洁高效、人民满意的服务型政府,实现政府职能向创造良好发展环境、提供优质公共服务、维护社会公平正义的根本转变。

(二)研究热点主题2:地方政府职能转变的动因

主要探讨地方政府职能转变的内在动力和外部动力因素。改革开放以后,国内学者开始关注政府职能转变方面的问题。何伟(1992)指出,转变政府职能是深化改革的关键,转变政府职能与搞活企业、发展经济之间有着相辅相成的辩证关系。秦国民(2005)对政府职能转变的动因进行分析,认为其动因主要包括:一是社会主义市场经济的必然选择,二是应对加入WTO的迫切需要,三是制度创新的要求,四是中外比较研究得出的必然逻辑。汪玮(2007)认为,源于政府自身完善的内在动力和来自环境需求的外在动力,成为政府职能转变的两大动因。具体而言,内在动因是指政府根据社会和经济发展的需要适时地进行自我调整、转变职能;外在动因是指外部环境的变化需要政府能够及时调整其职能结构和范围,以维持并提高政府的合法性地位。罗峰(2011)在分析转型期中国政府职能转变的动因时,提出可以从政治圈、经济圈、社会圈和文化圈四个方面来考量。其一,政治圈。一方面,政治理念上从"全能政府"向"有限政府""服务型政府"转变。另一方面,改革开放以来,人大法定地位的提高、监督功能的逐步加强以及与之相伴随的制度体系的出台,为政府职能转变提供了制度支持和监督的法律手段。其二,经济圈。一定的政府组织结构与功能应与一定的经济发展阶段相适应,受制于一定的经济体制。改革开放以来出台的一系列政策举措,激活了市场力量,使市场机制得以发挥作用。其三,社会圈。社会领域的变动是政府职能调整的现实依据,政府如果不从"全能政府"的行为模式中走出来,市场主体和社会组织的发育与成长就会受到现实制约。其四,文化圈。行政文化的变迁是政府职能转变的内在动因,其公共性的价值导向要求不断调整政府职能,以有效的公共政策来回应社会的需求。

(三)研究热点主题3:地方政府职能转变的主要内容

一是处理好政府与市场的关系。在地方政府职能转变过程中,一个尤为重要的方面是科学定位地方政府职能,厘清政府与市场之间的关系。这也是长期以来学者争论的焦点。从"守夜人政府""全面干预""回归小政府"到"第三条道路",政府与市场之间的关系始终处于不断地动态调整中。如何找到政府与市场关系的平衡点?目前,学者一致认为,就政府与市场的分工而言,其实只需要厘清政府的职能或定位即可,除了必须由政府做的以外,其他都应是市场的职能。李荣华(2013)指出,要厘清政府与市场的关系,特别是要重点解决政府职能越位问题。王连伟(2014)明晰了政府职能转变进程中职权的四个向度,提出政府要向市场放权。进一步地,赵丽娜(2019)从开发区建设的角度看政府职能转变,对地方政府如何用好市场之手进行了分析,认为首要任务是正确处理好政府和市场的关系,坚持社会主义市场经济改革方向,坚持到位不缺位、补位不越位的管理体制改革方向,坚持法治化改革方向;前提条件是充分发挥科学规划的战略引领和刚性约束作用,政策、规划的制定要充分论证、切实可行,执行要持续发力、久久为功;关键着力点在于大力做好引进投资、促进发展的文章,加大产业链招商引资力度,提升招商引资专业化水平,积极鼓励以商招商;重要经验在于切实提升政府与社会资本合作的能力和水平,探索聚焦当地产业发展的重点领域规划实施PPP(Public-Private-Partnership)项目,加强对PPP项目的全面规范管理;最大吸引力在于打造一流的营商环境,深化开发区管理体制改革,强化开发区要素资源保障,加快完善创新创业、金融资本、人文居住等环境支撑。

二是增强政府社会管理职能,积极推进公共服务创新。社会职能主要包括社会管理与公共服务职能。唐铁汉(2005)认为,按照构建社会主义和谐社会的要求,应强化社会管理职能,完善社会政策,创新社会管理体制和机制。任彬彬(2020)从结构张力与理性行动的视角,对地方政府社会组织登记管理制度改革的困境进行了分析,发现地方政府社会组织登记管理制度改革困境的本质为社会组织管理能力供给不足。在结构上,职能部门间利益诉求分化与政策协同机制运行不畅形成了政策执行的结构张力,影响横向部门间管理合力的有效性;在行动上,弱激励、强问责以及政策资源约束诱发了行政官员的理性行动,制约了民政部门管理能力建设。为此,政府要理顺权责关系,构建跨部门合作的综合监管机制,运用现代信息技术提高社会组织管理信息化水平,建立专业综合执法队伍,完善绩效考核与行政问责体系,从而加强地方政府社会组织管理能力,进一步深化社会组织管理体制创新。张海柱等(2022)基于"创新社会治理典型案例"(2012—2021)的多案例文本分析,对中国地方社会治理创新的总体特征与动因进行了分析,发现我国地方社会治理创新实践呈现出短期内集中爆发且创新周期短、创新地域与主体分布不均衡、地方创新主动性不足等特征,而现实问题压力、中央政策激励与社会力量推动则成为地方社会治理创新的主要动因。为了更好地推动地方社会治理创新实践的发展,一方面需要更多的政策激励、指导与支持,另一方面则需要进一步调整优化国家治理结构。

三是有序推动政务服务的发展。黄文平(2012)提出,政务服务体系建设与发展作为一个重要的理论和实践问题,在新的历史时期,要以便民利民为宗旨,在转变政府职能的基础上推动政务服务中心更好地发展。转变政府职能与促进政务服务中心建设之间是一种相互促进的关系,其中转变政府职能是基础、前提,也是保障。因此,在建立和发展政务服务中心的同时,不能忘记转变政府职能,要以促进政府职能转变为基础,大力推动政务服务中心有序发展。宋林霖(2017)基于对杭州"市民之家"的调研,对地方行政服务中心培育社会组织的作用进行了思考,发现行政审批制度改革的推进,强化了行政服务中心作为一站式审批平台的定位,但同时中心本质上的创新属性被逐渐消解,致使行政服务中心自身的实践探索进展缓慢,理论研究陷入僵局。而杭州"市民之家"在建设理念方面独具特色,除具有行政服务中心的基本功能之外,特别重视建立长效稳定的公民参与平台,其成功运行表明中心可成为加速社会组织成长的制度装置。高翔(2021)以数字化发展为语境,提出政府需要处理好与市场、社会的互动关系。一方面,政府应坚持"有限但有为",避免职能缺位,加快构建适应数字经济、数字社会发展的基础规则,提供必要的公共产品和服务。另一方面,政府应避免职能越位,审慎使用发展型政府的产业政策等工具。为了更好地推进数字化发展中的政府职能转变,各级政府可以通过设立算法伦理委员会、建立民众广泛参与的决策咨询机构等方式赋权社会,构建更加开放、平等、包容的数字化发展新格局。

(四)研究热点主题4:地方政府职能转变的困境

主要探讨地方政府职能转变过程中实际存在的困境。沈荣华等(2002)指出,地方政府职能有效转变的羁绊,即地方政府双重信息垄断。一方面,地方政府对中央政府的信息垄断。中央政府与地方政府的关系,在某种意义上其实是委托人与代理人之间的关系。地方政府作为中央政府的代理人,对本地区进行管理,其目的是节约直接管理成本。另一方面,地方政府对地方民众的信息垄断。地方政府凭借其信息优势,成为权力实践意义上的强者,在实际上构成了对中央政府和地方民众的双重信息垄断,这严重影响了地方公共物品的有效供给,成为地方市场体制完善的重要阻碍因素。朱光磊(2005)指出,地方政府职能转变不到位的主要原因在于:转变工作没有分出层次、不够具体,转变态度不够坚决;中央政府面临的内外部压力很大,工作如履薄冰,对一些重要而敏感的课题暂时无法顾及;职责同构是地方政府职能转变困境的体制性因素。张凤阳(2015)从"上下""左右""前后"三个维度分析了政府职能转变在现实政治体系中遇到的梗阻,分别是政府纵向关系的"上下"维度,政府—市场—社会横向关系的"左右"维度,以及政府履职站台方位间关系的"前后"维度。三重梗阻彼此缠绕、相互影响。具体而言,唐林霞(2015)提出,地方政府在生态文明建设中面临多重职能困境,主要包括职能缺失、职能逃避、职能冲突、职能歧视和职能偏废等问题。王从彦等(2020)进一步探讨了新时代下地方政府生态职能履职面临的问题,指出地方政府生态职能履职面临的难点主要为:环境健康与生态安全面临多重挑战、社会可持续发展存在多重软肋、政府职能机构职权分工和生态职能履职行为面临多重瓶颈、公众参与政府环境生态决策依旧举步维艰。李华俊等(2020)认为,地方政府职能转变的创新性尝试是政府购买社会组织服务,若用得不好则会阻碍政府职能转变。政府通过购买社会组织服务来推动政府职能转变,是一件复杂而又困难的事情,其中存在四点困境:将政府购买社会组织服务完全等同于政府职能转变,政府与社会组织缺乏互动性,政府能力的有限性阻碍了政府职能转变,社会组织较低的发育程度限制了政府职能转变。除此之外,孙涛等(2018)认为,20世纪以来,基于行政理论、经济理论和民主理论的西方政府改革,呈现出统治职能的非人格化、管理职能的刚性化和服务职能的扩大化等特征。进入21世纪,中国政府整合20世纪以来西方政府改革的三种价值取向,形塑了较为均衡的地方治理风格。但是在构建国家治理体系进程中,地方政府改革和发展的"三合一"模式面临物质形态层面资源环境的"硬约束",以及现代化和后现代化两个历史阶段高度叠加的无形困境,将会导致公共治理共识难以达成、不利于地方政府正确把握各地社会建设和市场培育的空间差距等社会后果。

(五)研究热点主题5:地方政府职能转变的实现路径

青锋等(2013)指出,2013年,《国务院机构改革和职能转变方案》把行政审批制度改革作为转变政府职能的突破口、关键处,而且与法律改革结合起来,以使转变职能、简政放权等各项措施落到实处。王孝刚(2014)提出,政府职能转变的主要措施有:尊重市场经济的运行规律,加强和改善宏观调控;加大财政收入,完善公共财政体系,优化财政配置;大力引进外资和先进的产业技术,因地制宜地优化经济结构;深化收入分配制度改革,强化政府的再分配职能;完善政绩考核评价机制,建立政府职能转变的激励约束制度。张丽华(2014)指出,实现政府职能转变,需从有限政府、民主政府、高效政府、透明政府、责任政府、法治政府等六个方面构建服务型政府的架构。梁华(2015)尝试探索县级政府职能转变的实现路径:一是以行政审批制度改革为突破口,理顺县级政府与市场、县级政府与社会的关系;二是持续推进基层大部制改革,理顺横向、纵向政府间的关系,更加有效地履行基层政府的职能。唐林霞(2015)指出,地方政府生态文明建设中的职能转变,需要从结构和制度两方面进行调整。地方政府职能结构应从政治、经济、社会的三维结构向政治、经济、社会、生态和文化的五维结构转变,而职能转变的制度应包括建立健全生态财政制度、推动地方政府政绩考核制度改革、健全地方政府生态问责制度和推动生态民主决策与公众参与制度的发展。吕志等(2021)认为,持续推进政府职能转变应坚持多元治理理念,加快政府服务体制创新。进一步深化"放管服"改革,深入推进简政放权,让地方政府拥有更多的灵活性和自主性,从而打造共建共治共享的治理格局。赵守东等(2021)认为权责清单制度是地方政府职能转变的重要载体,但控权取向使其陷入内部融合存在张力、与"三定"规定缺乏衔接、部门间职权事项存在冲突、运行透明度不高、实施中形式主义严重、实施后缺少效能评价等粗放治理窘境;而有为政府为权责清单制度打开了治理进路,在理念上能够带动地方政府权责清单制度由自律控权向有为治理转变,在制度建设上能够为地方政府权责清单制度提供靶向指引。

三、研究热点主题的变迁历程与特征

(一)研究热点主题的变迁历程

国内政府职能转变经历了计划经济体制下的全能主义政府,以及行政分权、放权让利,到与建立社会主义市场经济体制相适应的政府模式。改革开放的深入推进和社会主义市场经济的深入发展,有力地推动了经济领域和社会生活领域的迅速变化,这些变化必然会对地方政府职能转变不断提出新的要求。总体上,地方政府职能转变是一个复杂的动态过程,故此本章着重梳理20世纪90年代以来的发展变迁。

第一阶段为1998—2002年。1998年,行政体制改革确定了"转变政府职能是机构改革的关键"的命题。这一时期的地方政府职能转变主要围绕建立社会主义市场经济体制展开,即主要关注的是地方政府经济职能的转变。通过简政放权、机构改革,政府内部机构配置能够适应建立社会主义市场经济体制的内生需求和外在压力。尤其是2001年中国加入WTO后,为适应其规则体系,政府经济职能进行了较大的调整。与治理实践相对应,这一时期的地方政府职能转变研究前沿凸显的是地方政府经济职能转变,主要围绕重新厘定政府与市场的关系而展开研究,强调政府减少对市场微观经济活动的介入以及增强对市场秩序的维护等。

第二阶段为2003—2012年,地方政府职能转变侧重由经济方面转向社会方面。2003年,《中共中央关于完善社会主义市场经济体制若干问题的决定》指出:"转变政府经济管理职能。深化行政审批制度改革,切实把政府经济管理职能转到主要为市场主体服务和创造良好发展环境上来。"与之前对政府经济管理职能的界定,即"制订和执行宏观调控政策,搞好基础设施建设,创造良好的经济发展环境"相比,该文件更加突出了政府的市场服务意识,政府与市场处于一个更加平等的地位。2004年,党中央强调:政府的主要职能是经济调节、市场监管、社会管理、公共服务。2007年,党的十七大明确提出建设服务型政府。在前期的经济体制改革过程中,政府对市场的职能让渡取得了较大成绩,经济体制改革成效显著;但社会体制改革的严重滞后导致政府社会职能与经济发展、公民社会治理需求严重不协调,其体现在食品安全、环境污染、社会分配不公等社会问题上。政府工作的重心由推动经济增长向社会建设等民生领域转移,强调兼顾经济增长与社会公平公正。这一时期的学界围绕构建社会主义和谐社会、建设服务型政府,主要探讨了政府与社会的职能边界以及政府向非政府组织进行职能让渡等相关问题。

第三阶段为2013年至今:深入推进简政放权,聚焦"放管服"改革。2013年,《中共中央关于全面深化改革若干重大问题的决定》明确指出:必须切实转变政府职能,深化行政体制改革,创新行政管理方式,增强政府公信力和执行力,建设法治政府和服务型政府。李克强总理强调,要把简政放权、放管结合作为政府自身自我革命的"先手棋"和宏观调控的"当头炮"。2014年,强化放管结合。2015年,又将优化服务纳入其中,形成了"放管服"三管齐下、全面推进的格局,改革综合效应不断显现。同时,"放管服"改革作为政府管理经济社会方式的创新和革命,牵一发而动全身,有效带动了价格、财税、金融、社会事业等领域的改革,助推全面深化改革不断深入。李克强总理在2017年政府工作报告中指出,要全面实行清单管理制度,制定国务院部门权力和责任清单,加快扩大市场准入负面清单试点,减少政府的自由裁量权,增加市场的自主选择权。这一时期,政府职能转变的总体趋势是持续向社会管理和公共服务倾斜,职能结构拓展为"五位一体",实现途径拓展为"政企分开、政资分开、政事分开、政府与市场中介组织分开",职能范围进一步收缩,承接主体进一步拓展,转变方向进一步明确。2018年政府工作报告指出:持续深化"放管服"改革,加快转变政府职能,减少微观管理、直接干预,注重加强宏观调控、市场监管和公共服务。2019年政府工作报告指出:深入推进简政放权,加快转职能、提效能,增强政府公信力和执行力,更好满足人民对美好生活的新期待。2020年政府工作报告指出:深化"放管服"改革。在常态化疫情防控下,要调整措施、简化手续,促进全面复工复产、复市复业。推动更多服务事项一网通办,做到企业开办全程网上办理。放宽小微企业、个体工商户登记经营场所限制,便利各类创业者注册经营、及时享受扶持政策。支持大中小企业融通发展。完善社会信用体系。以公正监管维护公平竞争,持续打造市场化、法治化、国际化营商环境。推进要素市场化配置改革。推动中小银行补充资本和完善治理,更好服务中小微企业。2021年政府工作报告指出:深入推进"放管服"改革,实施优化营商环境条例。

(二)研究热点主题的特征

通过对职能转变、政府职能、机构改革、政府绩效、公共价值等主要研究热点主题进行文献梳理,发现研究热点主题呈现出以下鲜明特征:

第一,在研究内容上,国内地方政府职能由侧重经济发展向协调发展转变。总体上,重视经济建设职能依旧是地方政府职能的重心,但是地方政府职能开始向协调发展转变。1978—2003年,地方政府承担了大量经济建设职能,表现出重视高效率发展的态势。对于地方政府而言,首先得发展经济,满足人民日益增长的物质文化需求。2004年以后,地方政府表现出以经济建设职能为重,并重政治建设职能、文化建设职能、社会建设职能、生态文明建设职能协调发展的态势。从2004年开始,"科学发展观"和"构建社会主义和谐社会"成为地方政府履职的强话语导向,引导和推动新世纪地方政府职能向全面协调发展转变。2017年,党的十九大报告指出:"经过长期努力,中国特色社会主义进入了新时代,这是我国发展新的历史方位。""中国特色社会主义进入新时代,我国社会主要矛盾已经转化为人民日益增长的美好生活需要和不平衡不充分的发展之间的矛盾。"自此以后,地方政府履行政治、经济、社会、文化、生态等职能的协调性逐步增强,全面发展"五位一体"的职能框架。

第二,在研究层面上,从局部到整体全局建构。当前,地方政府职能转变的取向是大幅减少和下放行政审批事项,从直接参与建设市场转变为间接管理和服务市场,真正地向市场放权、发挥社会力量的作用;但是在向市场、社会放权的过程中,需要考虑到市场、社会能否较好地接住政府传过来的"棒"。在社会多元化、分层化发展的背景和趋势下,单独推进行政体制改革,或向市场、社会放权,都不足以达到良治的目标,而推动政府、市场、社会之间的相互合作成为地方政府职能转变的主要方向。在此背景之下,"构建和谐社会与地方政府职能转变""建设服务型政府""建设人民满意的服务型政府"等研究领域,主要探讨了对地方政府职能提出的新要求,强化政府公共服务体系的主导地位,激发市场与社会互动参与政府公共服务体系构建,进而优化政府公共服务体系等内容。

第三,在研究方法上,总体更加多样化。对地方政府职能转变的前期研究多采用定性研究方式,但也采用了定量研究方式。为了更深入地研究地方政府职能转变,有学者采用文本分析法。比如,邓雪琳(2015)对1978—2015年的政府工作报告进行文本分析,回溯性地测量了改革开放以来中国政府职能转变的特点,并预测了中国政府职能未来转变的趋势。这既是文本分析方法在公共管理研究领域的应用,同时也为政府职能转变的测量提供了崭新的视角。有学者运用实证研究方法,对研究对象进行大量的观察、实验和调查,从而获取客观材料,从个别到一般,丰富了对地方政府职能转变的研究。比如,姚金伟等(2014)通过对1995—2006年中国省级面板数据的实证分析,发现地方政府在推进向服务型政府转型的财政支出结构中存在显著差异。尽管存在客观的经济社会需求影响,但对地方政府而言,关于晋升、财政激励和财政供养人员的理性追求主导着向服务型政府转型。陈天祥等(2017)将政府职能转变划分为经济管理、市场监管和社会事务管理三大领域,以职能重点和职能方式作为分析维度,以词频变化、重点占比和关键词分析作为测量指标,对1981—2015年的广东省政府工作报告进行文本分析。结果显示,地方政府职能转变的特点包括:职能总量不断增加、不同领域职能间实现了量的相对转移、各项职能内容都经历了从点到面和由浅入深的过程、"全能型"政府逐渐向"服务型"政府过渡。同时,职能转变具有明显的阶段性和渐进性特征。

第四节 小结

政府职能随着政府的产生而形成。政府职能规定着政府管理的基本方向和主要内容,推动政府职能转变理应成为行政体制改革的一条主线。从理论源头来看,国内政府职能理论源于马克思主义政府职能理论,[①]基于中国国情的变化而不断演进。进入新时代以来,政府职能转变作为行政体制改革的核心所在,是提高政府治理效能的关键,也是实现国家治理体系和治理能力现代化的重要着力点。

本章通过运用CiteSpace软件,对国内研究文献进行梳理,发现国内学者对于地方政府职能转变的研究不够"接地气",大多为理论性研究,对于解决地方政府转型中遇到的具体问题缺乏一定的针对性。

总结起来,国内地方政府职能转变研究存在"一多一少"的现象:"多"是指研究主题广泛、视角多元、研究者学科背景丰富、关注持续性较强;"少"是指有意识的、互动式的辩论较少,部分研究呈现出个体化思考、程式化表达的倾向,这在一定程度上影响到地方政府职能转变领域的知识积累。尽管地方政府职能一直都具有动态性特征,但已有的研究文献对地方政府职能转变动态过程的描述和论证较少,相关的实证研究成果有待进一步充实,而这些构成了未来的研究方向。

---

① 申丽娟.西部县级政府社会治理能力建设研究.北京:中国社会出版社,2020:52.

第四章

国内外地方
治理能力研究

20世纪80年代以来,随着世界性的地方治理运动兴起,地方治理日益成为治理理论所倡导的分权、多中心等理念的主要实践场域。2013年,《中共中央关于全面深化改革若干重大问题的决定》指出:全面深化改革的总目标是完善和发展中国特色社会主义制度,推进国家治理体系和治理能力现代化。2019年,党的十九届四中全会对坚持和完善中国特色社会主义制度、推进国家治理体系和治理能力现代化做出全面部署。2022年,党的二十大报告指出,未来五年是全面建设社会主义现代化国家开局起步的关键时期,主要目标任务是:经济高质量发展取得新突破,科技自立自强能力显著提升,构建新发展格局和建设现代化经济体系取得重大进展;改革开放迈出新步伐,国家治理体系和治理能力现代化深入推进,社会主义市场经济体制更加完善,更高水平开放型经济新体制基本形成;全过程人民民主制度化、规范化、程序化水平进一步提高,中国特色社会主义法治体系更加完善……目前,"地方治理能力"仍是一个相对较新的词,它既是一种理论认知,也是一种实践运动。

第一节　数据来源

在 SSCI 中,以"主题=local governance capacity OR local government capacity OR local governance ability OR local government ability",限定 WOS 类别为 political science、public administration、management,限定文献类型为 article、review、proceedings paper 进行检索,人工剔除无效信息后,共获得956篇文献。以中国知网为平台,采取高级检索方法,文献来源为期刊,以"主题=地方治理能力"进行检索,人工剔除无效信息后,共获得343篇文献。检索日期为2019年10月16日。

第二节　研究的基本状况

一、年代分布

国外有关地方治理能力的研究起步较早,最早的研究文献发表时间为1981年。相比之下,国内相关研究起步较晚。1981—1990年,国外地方治理能力研究处于探索阶段,相关研究文献数量很少;1991—2018年,相关研究文献数量总体上呈现出明显的上升趋势,并于2018年达到峰值(85篇)。2011—2017年,国内相关研究文献数量快速增长,并于2017年达到峰值(71篇);2017年后,相关研究文献数量总体上呈下滑趋势。(见图4-1)

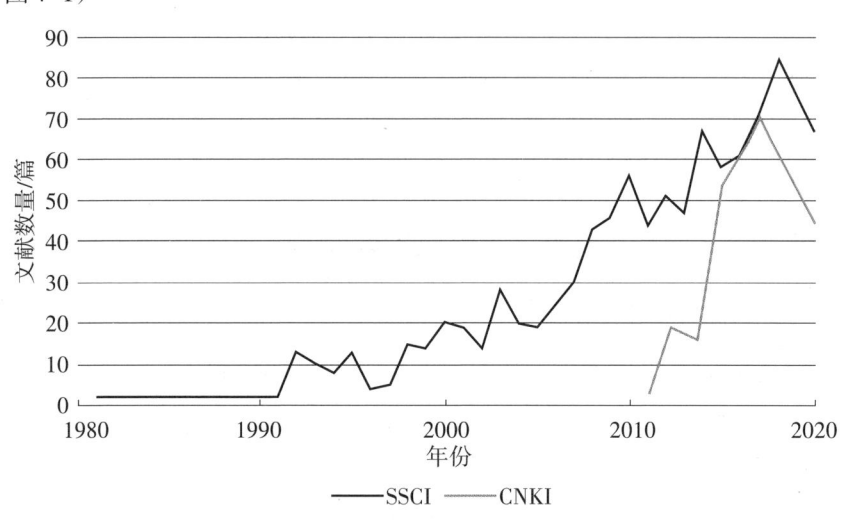

图4-1　SSCI和CNKI中地方治理能力研究文献量的年代分布

二、优势国家(地区)/机构与核心作者

在CiteSpace软件中导入检索结果,选择年份阈值为1991—2019年,单个时间分区为1年,图谱节点类型选择国家、机构和作者,阈值设定为10,频率设定为大于5,对地方治理能力的研究主体进行分析。

SSCI中地方治理能力研究文献发文量排名靠前的国家(地区)见图4-2。图中的圆圈代表国家(地区),圆圈的大小与发文量成正比。可以看出,圆圈最大的是美国,拥有377篇文献,远超英国(159篇),再后面依次是德国、意大利和挪威,这些国家(地区)的科研实力相对强大。发文量排名靠前的国家(地区)还有荷兰、丹麦、澳大利亚等。

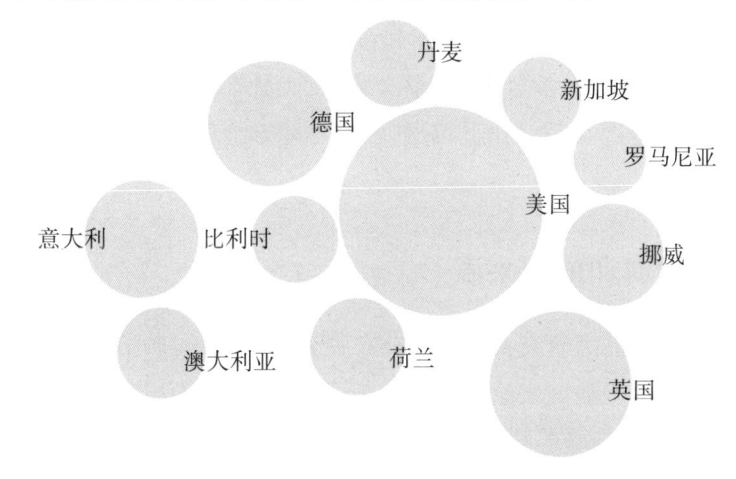

图4-2 地方治理能力研究文献发文量排名靠前的国家(地区)

地方治理能力研究文献发文量排名靠前的国内外机构见表4-1。SSCI中发文量排名第一位的是英国伦敦大学,英美两国在地方治理能力研究领域实力强劲。从CNKI期刊数据来看,发文量排名靠前的分别是山东大学、南开大学和苏州大学。

表4-1 SSCI和CNKI中国内外地方治理能力研究文献发文量排名前五位的机构

排序	SSCI		CNKI	
	机构	发文量/篇	机构	发文量/篇
1	University of London	33	山东大学	18
2	State University System of Florida	25	南开大学	7
3	Indiana University System	24	苏州大学	6
4	Indiana University Bloomington	22	浙江大学	5
5	Cardiff University	19	贵州大学	5

SSCI 数据显示，检索出的 956 篇文章共对应 1675 名作者，相关研究文献量最高的作者是来自佛罗里达州立大学的 Richard C.Feiock（7篇），1675 名作者里有 1538 名作者只参与完成过 1 篇文章。由此可见，作者间多采用合作模式。CNKI 期刊数据显示，发文 2 篇及以上的仅有 26 人。其中，最高发文量的作者陈鹏共发表 8 篇；26 名作者的文章数量占总发文量的 22.74%，不到 1/4，且该数据未排除重复计算，实际占比或低于 20%。总之，大量的作者只参与完成 1 篇文章，发文量排名前五位的作者的文章数量都没有超过 10 篇。由此可见，国内外地方治理能力研究领域的核心作者较少。

三、学科和期刊来源

地方治理能力研究文献主要分布在公共管理学、政治学等领域。国外地方治理能力研究文献全部来源于公共管理学，而国内的主要集中在行政管理学、政治学等社会科学领域。（见表 4-2）

表 4-2 SSCI 和 CNKI 中地方治理能力研究文献发文量排名前五位的期刊

排序	SSCI	CNKI
1	Public Administration and Development	《国家治理》
2	Local Government Studies	《中国行政管理》
3	Public Administration Review	《人民论坛》
4	Environment and Planning C: Government and Policy	《行政论坛》
5	Public Administration	《决策》

SSCI 数据显示，研究文献的期刊来源较为分散。956 篇文章来源于 213 种期刊，其中发文量超过 10 篇的期刊有 19 种，占 8.92%。发文量排名首位 Public Administration and Development 的载文量为 67 篇。CNKI 期刊数据显示，国内地方治理能力研究起步较晚，发文量排名首位的《国家治理》的载文量为 15 篇。

第三节 研究热点主题的知识图谱解析

一、研究热点主题的识别

运用CiteSpace软件对SSCI中地方治理能力研究的高频关键词进行分析,阈值设定为10,频率设定为大于15。图4-3中圆圈大小与关键词的词频成正比。非常显著的关键词是policy、management、politics,反映出研究者研究的重点集中在治理这一块。其他明显的关键词还有governance、government、local government、state,与研究主题紧扣,反映出研究者对治理主体的关注。同时,高频关键词还有capacity、performance、participation、democracy,反映出研究者对管理者的治理能力、治理政策、治理领域的探索。

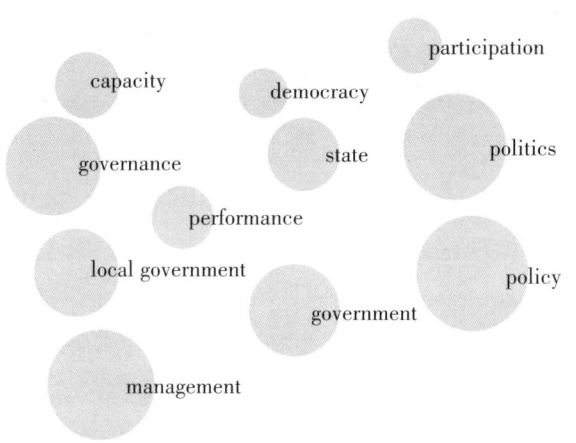

图4-3 国外地方治理能力研究高频关键词图谱

运用CiteSpace软件对CNKI中地方治理能力研究的高频关键词进行分析,阈值设定为10,频率设定为大于5。分析结果显示,高频关键词有地方治理、地方政府、治理能力、国家治理、治理体系、国家能力、协商民主、新时代、现代化等,见图4-4。由此可见,现阶段国内地方治理能力研究追求的是更科学以及更现代化、定制化、全民化的发展之路。

图4-4　国内地方治理能力研究高频关键词图谱

二、主要研究热点主题的综述

"治理"一词来源于国外,英文为"governance"。治理思想和理念源于20世纪后期的英国。这一时期的英国面临着经济危机和政府信任危机。撒切尔夫人执政后,采取了广泛而严厉的以"反对政府干预、消减政府职能、将权力充分下放、让市场进行自由竞争"等为核心的政府改革措施,并影响了诸多西方国家的政府改革运动,引起国内外学者对地方治理能力研究的关注。

以 Web of Science 核心数据库和中国知网为平台,运用 CiteSpace 软件对国内外地方治理能力研究的高频关键词进行分析,发现 governance、government、local government 以及地方治理、地方政府、治理能力、国家治理等是当前学界主要的研究热点主题。结合对具体研究文献内容的梳理、总结,对国内外地方治理能力主要研究热点主题的综述,是围绕其概念界定、重要性、主要影响因素、框架建构、提升路径等方面展开的。

(一)研究热点主题1:地方治理能力的概念界定

主要探讨政府能力、地方政府治理能力等相关概念的内涵与外延。对于政府能力的概念,虽然目前学界还没有完全统一和明确的界定,但从总体上来看,政府能力的概念界定可从以下几个视角出发:

一是从目标层面界定政府能力。比如,施雪华(1995)指出,政府治理能力是指处于特定的历史、社会和自然环境中的政府,维护自己的政治统治,管理社会事务,服务大众需要,平衡社会矛盾,促进社会稳定发展的所有潜在的或现实的能量或力量的有机整体。吴传毅(2019)认为,国家治理体系治理能力现代化的目标指向是构建系统性整体性协同性制度体系、主动应对国家治理面临的巨大挑战、有效解决发展过程中的矛盾问题。余晓青(2017)提出,如何推进网络社会政府治理能力现代化,是当前构建网络强国、实现国家治理现代化、保障国家安全与社会稳定的重要课题。

二是从管理角度界定政府能力。郭蕊等(2009)根据全球化时代背景,提出地方政府应具备系统思考能力、制度创新能力、公共服务能力、电子治理能力、沟通协调能力以及危机应对能力。刘雪华等(2018)认为,地方治理能力主要表现为地方政府二次改革能力、福利扩散能力以及利益协调能力。楼苏萍(2010)将地方政府治理能力归纳为四个层次,即目标识别与整合能力、资源整合能力、沟通协调能力与合作治理的控制能力。

三是从组织资源角度界定政府能力。汪永成(2004)认为,地方治理能力被认为是由人力、权力、财力、权威、信息、文化、管理等组织的基本要素资源相互联系构成的一个系统。张钢等(2005)认为,对政府能力的考察应从资源获取能力、资源配置能力、资源整合能力和资源运用能力四个方面来进行。

国外研究中,比较具有代表性的有:Salamon(2002)提出治理时代的三种新的管理技能,即激活技能、组织技能和调节技能。Gabriel Abraham Almond 等(2007)认为,地方政府治理能力是地方政府通过制定政策和执行政策,实现维护公共秩序和维护合法性等目标的能力。David Wilson(2007)认为,一个国家的治理能力主要由五方面构成:一是制度制定,二是制度学习,三是制度创新,四是制度执行,五是制度优化和调整。George Jones(2009)认为,一个国家的治理能力主要由三方面构成:首先是社会管理方面的能力,其次是制度整合方面的能力,最后是执政者的执政水平。从本质上看,提升治理水平的过程就是提升执政水平的过程。不论是基层治理,还是国家治理,都需要通过改革来提升治理水平。Franke(2018)从知识、价值观和社会秩序等角度来概念化监管能力、适应能力和整合能力。Catrien等(2015)认为,政府必须具备四种治理能力:第一,自反性或处理多个框架的能力;第二,恢复力或针对不确定变化而调整行动的能力;第三,回应性或对不断变化的议程和期望做出反应的能力;第四,重振的能力。

(二)研究热点主题2:地方治理能力的重要性

主要探讨地方治理能力的提升对于推进国家治理体系和治理能力现代化具有的重要意义。国内部分学者从地方治理主体——基层政府出发,围绕提高基层治理能力的意义,提出基层治理是国家治理的重要基石。比如,罗浩(2022)从乡村振兴战略需要和村域社会治理现代化需要两个方面出发,阐述了提升农村基层党组织治理能力的重要性。王伟(2020)提出,基层政府是联防联控、群防群治的第一线,也是扎实推进复工复产复学的第一线,是确保各项措施落实到位的关键。刘华等(2018)认为,农村基层党组织主导着农村治理的整个过程,成为农村治理的领导核心,发挥着领导、协调"乡政"与"村治"的功能。在新形势下,农村基层党组织需要充分厘清自身在农村治理中的动员、组织和维稳三大作用,并在农村治理中积极有为。农村基层党组织必须从党内民主、服务型组织、廉政等方面加强能力建设,以增强治理能力,从而更好地引导农村治理现代化进程。

还有部分学者从治理能力与绩效管理之间关系的角度分析地方治理能力的重要性。邓理等(2020)认为,从治理后果上看,行政能力复合化具有提升行政效率、减少行政负担、改善政民关系的重要价值。郑方辉等(2020)提出,将绩效理念导入国家治理能力之中是拓展理论研究的内在逻辑。国家治理绩效为治理现代化注入价值导向、度量标准和动力机制,是完善制度体系和检验治理能力水平的价值尺度。秦晓蕾等(2020)探索性地构建了提升治理能力的城管绩效考核模型,提出该模型重点观照两方面的能力考核:一是城管行政执法能力和管理能力考核,二是公共服务能力考核。李良成等(2019)认为,应通过信息技术开发与运用和为民服务的理念与能力这两条路径来促进治理绩效的提升。

国外研究中,比较具有代表性的有:Mugwagwa Julius等(2022)在分析了15个非洲国家的最新经验证据之后,认为可持续的研究和创新筹资成功的原因在于政府技术和创新能力以及政府决策和治理能力。Haagh Louise(2019)强调了对公共治理能力进行多层次和多因素分析的重要性。

(三)研究热点主题3:地方治理能力的主要影响因素

主要探讨地方治理能力的主要影响因素。国内学者多聚焦于某个具体领域对地方治理能力的主要影响因素进行深入探讨。在地方政府公共服务供给能力方面,张开云等(2010)在公共治理理论框架下,分析了影响地方政府公共服务供给能力提升的经济、政治、社会、信息与技术等因素:首先,地方经济发展实力与运行绩效对地方政府公共服务供给能力有直接影响;其次,由于各种原因,地方公共服务供给主体单一、机制不活,影响了地方政府公共服务供给能力;再次,政府理念与政治观念对地方政府公共服务供给能力具有重要影响;最后,政府与公众之间的信息不对称导致公众对政府的不信任,从而影响政府公共服务供给能力的合法性认同下降。在地方政府数据治理能力方面,刘银喜等(2019)指出,政府数据治理能力受政府系统内部及外部诸多因素影响,政府系统内部因素主要包括政府对数据的认知、组织机构、数据资源、组织投入和专业人才,政府系统外部因素主要包括公众需求、政府间关系、大数据技术和经济发展水平。在地方政府环境治理能力方面,沈承诚(2011)从政府的开放、社会的参与以及影响环境治理的客观因素出发,探究了影响地方政府环境治理能力的主要因素。在地方政府舆情治理能力方面,杨洋洋等(2021)采用灰色关联分析与定性比较分析相结合的方法,基于外部因素和内部因素两个维度,探究地方政府舆情治理能力的主要影响因素。

国外研究中,比较具有代表性的有:Grant(2009)提出,优化法治手段、训练法治思维等,能够使国家治理水平得到显著提升。Marker(2012)、Anthony(2014)以及Lovett(2014)等学者将研究重点放在网络治理能力上,论述了提高社会参与度的必要性,强调了民主性和共同治理。

Chauvin James 等(2016)重点关注组织治理能力的主要要素:培养问责制、让利益相关者参与、设定共同方向、管理资源、持续加强治理。调查数据表明,影响治理能力有效性的两个最重要因素是领导者的高度正直和道德行为(77%),以及在管理机构任职人员的能力(76%);而缺乏财务资源被认为是对组织治理能力有效性产生负面影响的重要因素(73%),缺乏对未来领导者的指导、无效或不称职的领导、对良好治理实践缺乏了解、缺乏准确的战略规划信息等被确定为影响治理能力有效性的重要因素。

（四）研究热点主题4:地方治理能力的框架建构

主要是通过框架构建系统规范地分析地方治理能力。地方治理能力的框架构建主要在于两维度构建。孙锋等(2019)认为,资源系统和管理系统循环互动促进治理能力产生。陈诚等(2016)基于结构—过程视角,构建了社区治理能力评估框架,以期为具体的社区治理能力指标设计和数据验证提供战略导向。除了两维度构建之外,还有多维度构建。李轲(2015)试图构建一个包含目标愿景、政策行为、能力反馈在内的"理念—结构—过程"整合分析框架。楼苏萍(2010)从目标、资源、管理工具三个维度出发,提出了一个综合性的能力过程分析框架。王正攀(2017)认为,基于国家、政府、市场、社会的治理视野,促进公共服务在新型城镇化进程中的治理体系完善和治理能力提升,需以公共服务基本理论分析、基本公共服务实现全覆盖、治理主体多元协同供给、一体化机制与制度为主体框架。余亚梅等(2020)提出,由府际关系的性质、组织边界的变化、协同规则的强度三个维度所形成的新框架,有效地解释了协同治理的内在需求给政策能力所提出的挑战以及为政策能力的提升所提供的条件。在协同治理的框架下,政策能力表现为一种政府间的政策能力、跨界治理的能力以及共同形成治理规则的启发能力。

国外研究中,比较具有代表性的有:Marion Gibbon 等(2002)提出,在社区能力模型中,项目管理是社区能力建设的核心,社区能力是各治理主体能力的加总。Laver Glenn Laverack(2006)提出了社区能力模型的九个维度:利益相关者的参与度、地区领导力、问题分析能力、组织结构、资源的流动性、社区组织及居民联系的紧密性、利益相关者的质询能力、利益群体对项目管理的控制力、与社区外代理人关系的平等性。Katharina Hölscher等(2020)提出了一个城市转型治理的能力理论框架。该框架有助于诊断和推动城市治理。Katharina Hölscher等(2019)提出了一个变革性气候治理能力的概念框架。该框架为理解和支持气候治理格局正在发生的变化提供了一个系统性的分析工具。Thi Kim Phung Dang(2016)开发了一个基于政策安排方法的治理能力评估框架。该框架突出了三个要素：游戏规则的启发性、话语的融合性和资源的便利性。

(五)研究热点主题5：地方治理能力的提升途径

主要探讨地方治理能力提升的实现途径。国内学者主要从治理理念升华、治理机制完善、治理工具革新三个维度，探索有效推进地方治理能力现代化的对策措施。

一是治理理念方面，明确地方治理能力的价值取向。刘伟(2016)认为，地方政府在推进社会治理创新的过程中，要充分发挥政策转化对创新行动的牵引、固化和扩展功能。李靖等(2020)提出，谋求公共利益最大化是各级党委和政府的永恒追求，也应是地方政府的终极价值追求。地方政府要始终把党和人民的利益放在评价治理能力的中心，置于治理能力发展的首位。李穆基(2005)认为，只有将保障公民利益当作目标，才能够得到极高的治理能力，进而实现良好的治理效果。鲍芳修等(2017)认为，在把握地方治理能力的过程中，地方政府必须基于地方治理的理念和价值，运用恰适的策略处理好各种关系，以渐进的方式推动地方政府行为的变革，最终提高其治理能力。

二是治理机制方面，完善加强协作治理机制。俞可平(2014)认为，需要首先推动政府改革与创新，通过促进市场经济与社会组织的发育，建立起治理的合作伙伴关系。任丙强(2016)指出，区域协作机制的内容主要是地方政府间在环境治理方面的权责分配、利益协调和监督保障，具体包括信息共享制度、利益协调制度、生态环境补偿机制、环境危机事件应急机制、监督和约束机制等。张双鹏等(2021)使用文本分析法，考察了政府在疫情应对政策中协作治理能力的四种关键机制,认为强大的政府协作治理机制有助于社会快速有效应对公共危机,也是优化市场环境下政府治理能力的新途径。

三是治理工具方面,充分运用数据科学与大数据技术。杨雪冬(2004)认为,地方治理改革中的技术创新发挥着重要作用。比如,直接利用物质技术达到治理改革目的的创新和利用物质技术调整制度程序的某些环节;间接提高治理绩效的创新。杨雪冬(2011)从提高基层治理主体的能力入手,强调通过提供强大的技术支撑手段,采取新型的治理评估手段,提高治理的精细化程度。邱志强等(2015)认为,依托于现代科技手段,加快建设大数据管理体系,积极运用云计算、移动互联网等技术,不断改进治理方式,打造智慧型政府,可以有效提升政府治理效能。龙献忠等(2015)指出,地方政府应提升电子治理能力,充分运用现代计算机网络技术提高治理效率和服务质量。

从国外相关研究文献来看,对地方治理能力的研究主要体现为三个层面:

一是宏观层面。关注地方治理能力在整个民族国家与社会组织互动合作的多层级治理结构中的作用与地位。David Samuel Williams(2020)根据评估标准对毛里求斯地方治理能力进行评估。评估结果表明,毛里求斯地方治理能力受到小岛屿国家固有问题困扰,比如,缺乏技术知识、财政和人力资源,以及严格的执法和有效的监测机制,从而无法有效地适应气候变化。

二是中观层面。对地方治理基础理论命题的关注。B.Guy Peters(2018)提出市场式、参与式、弹性式、解制式四种政府治理模式。

三是微观层面。侧重介绍某个项目的治理经验,比较和分析具体的治理工具或方略。Lucas Somavilla Croxatto(2020)通过研究得出结论:预防行动与透明的操作响应框架,可以显著提高地方知识系统和机构的弹性与适应性,更好地管理风险。

三、研究热点主题的变迁历程与特征

(一)研究热点主题的变迁历程

2013年,党的十八届三中全会提出"国家治理体系和治理能力现代化"这一概念,治理能力成为国内研究的热点主题。地方治理能力的发展脉络大致经历了两个阶段。

第一阶段为2013—2019年。国家治理体系和治理能力现代化首次进入"入题"阶段。自党的十八届三中全会提出"推进国家治理体系和治理能力现代化"这个重大命题以来,学界开始将研究视角聚焦于治理体系与治理能力现代化。因此,可将2013年作为治理体系和治理能力现代化研究的起点。地方治理能力这一概念的诞生标志着政府由"管理时代"向"治理时代"的转变。

第二阶段为2019年至今。国家治理体系和治理能力现代化进入"解题"阶段。2019年,党的十九届四中全会进一步确立"坚持和完善中国特色社会主义制度、推进国家治理体系和治理能力现代化"的总体目标。学界对推进国家治理体系和治理能力现代化进行深入探讨。所谓"治理能力现代化",就是将制度优势转化为治理效能的现代性能力不断获取并逐渐强化的过程。其中,国家治理体系现代化主要体现在国家的制度设计能力上,治理能力现代化则主要体现在贯彻治理体系的执行能力上。设计能力最终要通过执行能力来体现,制度的威力和效力归根结底要通过执行方能落地生根、开花结果。党的十九届四中全会通过的《中共中央关于坚持和完善中国特色社会主义制度 推进国家治理体系和治理能力现代化若干重大问题的决定》提出:改善营商环境,激发各类市场主体活力。

国外地方治理能力研究发端于20世纪80年代初欧洲地方政府改革,以英国和意大利为典型代表。面对高福利国家带来的地方治理通病,英国进行了地方治理方式的变革,强调以经济、效率、效益为标准,主张建立一个"权力节制的政府",实现政府层级扁平化;减少国家福利开支,削减税收,限制地方政府开支;推行市场化和私有化。相比之下,意大利通过"地方—政府"改革,重新划分中央与地方政府之间的权限,地方政府由此获得更多的发展活力。这场改革强调国家力量的隐退,通过管理主义、私有化以及国家向市场和社会分权的改革,弥补传统官僚制和行政体制的不足。总体上,改革取得了显著的成果:一方面,它使地方政府获得了更多的自主权,地方政府逐渐成为独立的行动主体和利益主体,中央政府越来越强调对地方政府的"绩效评估",而不是职能赋予。另一方面,市场组织、社会组织经过国家的允许,合法地成为公共事务治理主体中的一员。自从1989年"治理"一词出现在世界银行分析非洲经济社会情况的一份报告中之后,有关治理的问题和治理理念迅速引起社会各界的广泛关注。随后,地方治理运动扩展到欧洲大陆国家(法国、德国、西班牙等)、北美国家(美国、加拿大)、大洋洲国家(澳大利亚、新西兰),同时在联合国、世界银行、经济合作与发展组织等国际组织的推动下,作为一种改进国家治理状况的"灵丹妙药",地方治理的理念和实践经验被输入亚洲、非洲和拉丁美洲国家。伴随着世界各地地方治理实践的推进,地方治理的思想得到了普遍认同,对其概念的界定也越发清晰。总体上看,合作政府旨在整合政府部门与非政府部门的力量,以形成公共事务的无缝隙化治理。

(二)研究热点主题的特征

通过对governance、government、local government以及地方治理、地方政府、治理能力、国家治理等主要研究热点主题进行文献梳理,发现相较于国内,国外对于地方治理能力领域的理论研究更为前沿,但不同国情背景下的研究内容存在较大的差异性。从当前地方治理能力研究态势而言,不论是国内还是国外,均取得了不错的成果。研究热点主题呈现出以下鲜明特征:

第一,在研究视角上,理论分析框架与具体实践相结合。20世纪八九十年代,随着全球化进程不断加快,许多欧洲国家在实现地方治理的有效性和实现高质量发展方面遇到了前所未有的挑战。这些挑战随之引发了学界关于地方治理模式的理论探讨,比如,重构规模理论、多元治理理论等,这些研究和争论为描述碎片状的治理图景提供了支持。Patsy Healey等(2003)结合已有的研究提出了一个地方治理实践的分析框架。

该分析框架致力于研究治理的微观过程,着眼于从特定事件、治理过程、治理文化等三个层次对地方治理实践进行分析。

结合国内治理实际,国内学者开始反思中国实践丰富和本土化理论稀缺之间的反差。何艳玲(2005)通过借鉴 Patsy Healey、Jon Coaffee 的观点并对其加以适当改造,提出了一个可用于中国地方治理实践的分析框架。透过这一分析框架,研究者可以根据嵌入在特定结构、特定文化中的具体事件,由一系列具体事件组成的治理过程,以及作为治理事件和治理过程宏观背景的治理文化等因素,来把握地方治理实践过程中更真实和更丰富的细节。

第二,在研究内容上,注重数字治理能力的技术与工具创新研究。随着信息化的发展,当前社会已经进入一个将数据当作核心资产的大数据时代;随着数据作为国家战略资产意识的增强,以及越来越多的国家(地区)将数据管理上升到战略层面,大数据势必会以更加积极的姿态进入政府治理体系范畴。随着"放管服"改革的不断深化和"互联网+"政务服务的不断发展,从顶层设计和技术层面对地方治理能力的提升,对政府来说既是挑战,也是机遇。黄炜等(2021)通过分析面向公共卫生事件的大数据治理能力影响因素,构建指标体系,并运用D-S证据融合理论以及改进的层次分析法确定指标权重,有针对性地为公共卫生事件的应急管理提出建议。安小米等(2021)以政府数据治理与利用能力研究中的关键问题为导向,分别从政府数据依法治理与数据可用能力、政府数据源头治理与数据有用能力、政府数据精准治理与数据易用能力、政府数据长效治理与数据善用能力等方面开展数字治理革新。

第三,在研究方法上,地方治理能力研究呈现多样化的特征。对于地方治理能力的研究,其方法有定性研究、定量研究以及综合研究。陈鹏(2015)以政法委体制、民政局体制、社工委体制和群工委体制四种模式为案例分析对象,提出了地方政府社会治理体制的概念模型,对解释转型期国家与社会之间的微妙关系提供了良好的分析框架。廖福崇(2021)基于地方政府的典型案例比较,发现竞争引致路径、需求牵引路径和内生驱动路径是数字政府建设的三种主要方式。于君博等(2021)通过对L、M两地数字政府建设案例进行比较分析,认为治理机制的选择、主责部门的属性以及专家的介入方式是影响地方政府数字治理能力提升的核心要素。王华伟(2021)通过分析2019年首次发布的20个"全国乡村治理典型案例",采用定性比较分析(QCA)方法,发现上级支持、村庄治理主体、村庄治理资源是乡村治理创新能力的必要影响因素。

第四节　小结

　　国内外学界关于地方治理能力的研究成果丰硕,为后续更加系统和深入地研究地方治理能力奠定了理论基础。从目前的研究成果来看,国内学界有关地方治理能力的理论和实践研究缺乏深度,尚未形成完善的理论体系,在具体问题研究方面存在很多薄弱环节。一方面,"治理"研究的一个重要途径是"地方政府治理"研究,而且"地方政府治理"的研究更加强调与实践的结合。另一方面,研究的方式方法过于单一,对于案例分析的研究不足,问题把握不够准确,在实践性治理研究方面缺乏实质性突破。因此,首先,要尽早确定地方治理能力研究的学术规范。规范实际上是一种执行中的标准和规则,是推进学术发展的必要手段。其次,要提高问题意识。注重发现事物发展的内在逻辑,不以重复大而无当的普遍规律为目标。最后,要避免对地方治理进行大而化之的研究,而缺少对真实的地方治理过程进行深入细致的研究。

　　相较之下,国外对地方政府治理及治理能力的研究更为系统和完善,提出了建构地方政府、市场、社会联动的治理模式,主要聚焦于地方政府治理模式、理论基础、绩效评估与管理等方面。国外学者对地方治理能力的思考更加精细化和具体化,而国内学者的研究则更为宏观。就国内学界研究现状而言,能够系统地支撑提升地方治理能力的研究成果还有待充实。尽管学界对于地方治理能力的要素总结得比较多,但对地方治理能力的研究缺乏系统性和针对性,较少考虑时空转换和政治社会生态环境,这些在未来的研究中都有待于进一步改进和深入。

第五章

国内外政府
与社会关系研究

长期以来,对公共行政的理解是一种从政府角度的理解,其主旨是以官僚为中心,二分法和三个途径说是这一理解的代表性观点;公共行政生态的变化需要一种新的理解,即超越政府,从政府与社会共治的角度去加以理解,以期对公共行政有一种更全面的解释。[①]政府与社会关系的理想形态是实现双方的良性互动,形成一种合作治理的格局。[②]

在国内治理实践中,推进国家治理体系和治理能力现代化的核心要义就是正确处理好政府、市场与社会的关系,而对政府与社会关系的妥善处理也是完善国家治理体系的题中应有之义。换言之,政府与社会之间关系的进一步规范化、制度化,是推进国家治理体系和治理能力现代化的一个重要的枢纽性问题。

党的十九大报告提出:打造共建共治共享的社会治理格局。"共治"成为新时期处理政府与社会关系的一个重要理念。《中华人民共和国国民经济和社会发展第十四个五年规划和2035年远景目标纲要》指出:"国家行政体系更加完善,政府作用更好发挥,行政效率和公信力显著提升,社会治理特别是基层治理水平明显提高""健全党组织领导的自治、法治、德治相结合的城乡基层社会治理体系,完善基层民主协商制度,建设人人有责、人人尽责、人人享有的社会治理共同体"。

新中国成立70多年来,政府与社会的关系在不同时期表现出不同的特征。随着社会组织的蓬勃发展以及社会组织管理制度不断健全和完善,政府与社会之间的关系也更加适应新时代国家治理体系和社会发展的现实需求。与中国政府和社会的关系不同的是,西方国家学者在解释政府与社会的关系时,总是试图将政府与社会置于二元对立的基本框架中。

---

① 竺乾威.理解公共行政的新维度:政府与社会的互动.中国行政管理,2020(03):45-51.
② 汪锦军.合作治理的构建:政府与社会良性互动的生成机制.政治学研究,2015(04):98-105.

第一节　数据来源

在 SSCI 中,以"主题=government-society relationship OR government NGO relationship OR relationship between government and society OR relationship between government and social organizations OR relationship between government and NGO OR the state-society relationship"进行检索。在此检索结果的基础上缩小范围,选择语言 English,选择全部文献类型,人工剔除无效信息后,共获得1654篇文献。以中国知网为平台,采取专业检索方法,文献来源为核心期刊,以"主题=政府与社会关系 OR 关键词=政府与社会关系"进行检索,人工剔除无效信息后,共获得187篇文献。检索日期为2019年10月26日。

第二节　研究的基本状况

一、年代分布

国内外开始研究政府与社会关系的时间相差较大。1986年,SSCI收录第一篇相关研究文献;1996年,CNKI核心期刊中出现第一篇相关研究文献。在发文数量方面,SSCI中收录的相关研究文献数量远远高于CNKI核心期刊。从1986年到2018年,SSCI中相关研究文献数量总体上呈上升趋势,于2018年达到峰值(181篇)。CNKI核心期刊从1996年开始收录相关研究文献,于2015年到达峰值(20篇);2016—2019年,相关研究文献数量有所下降,但是下降趋势较为平缓。(见图5-1)

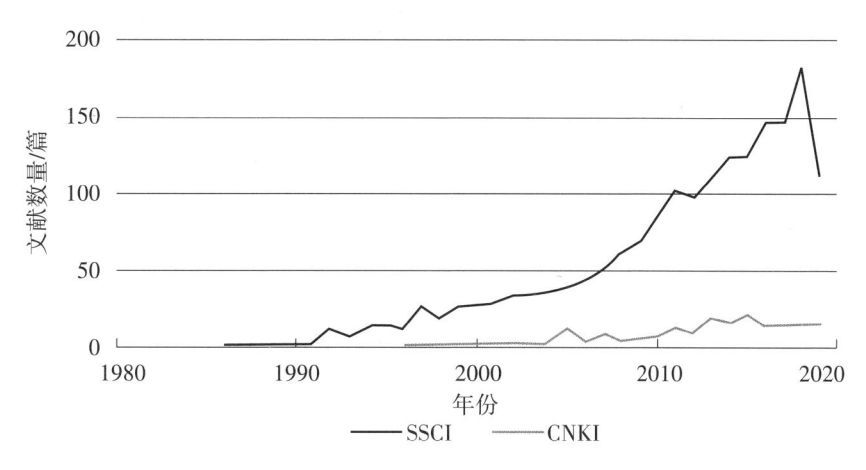

图 5-1　SSCI 和 CNKI 核心期刊中政府与社会关系研究文献量的年代分布

二、优势国家(地区)/机构与核心作者

在 CiteSpace 软件中导入检索结果,选择年份阈值为 1986—2019 年,单个时间分区为 1 年,图谱节点类型选择国家、机构和作者,阈值设定为 20,频率设定为大于 5,对政府与社会关系研究进行计量分析。

SSCI 中政府与社会关系研究文献发文量排名靠前的国家(地区)见图 5-2。图中的圆圈代表国家(地区),圆圈的大小与发文量成正比。圆圈最大的为美国,其次为英格兰,然后是澳大利亚。其中,美国以 496 篇发文量远高于其他国家,科研能力处于领先位置。除此之外,荷兰、加拿大、瑞典、墨西哥等也是发文量相对较大的国家(地区)。

图 5-2　政府与社会关系研究文献发文量排名靠前的国家(地区)

政府与社会关系研究文献发文量排名靠前的国内外机构见表5-1。国外机构中,发文量排名首位的是澳大利亚墨尔本大学(19篇)。虽然发文量靠前的国外机构来源地区较为复杂,但都来自科研能力相对较强的欧美国家。从CNKI核心期刊数据来看,发文量排名靠前的机构有中山大学、华中师范大学和复旦大学等。

表5-1 SSCI和CNKI核心期刊中政府与社会关系研究文献发文量排名前五位的机构

排序	SSCI		CNKI	
	机构	发文量/篇	机构	发文量/篇
1	University of Melbourne	19	中山大学	10
2	University of Amsterdam	13	华中师范大学	9
3	University of Sydney	12	复旦大学	8
4	University of Oxford	11	浙江大学	7
5	University of South Carolina	10	北京大学	6

SSCI数据显示,1654篇文献来自3699位作者,说明作者间多采用合作模式完成文献。每个作者的个人发文量不高,发文量排名第一的作者仅有5篇相关文献;发文量小于等于2篇的作者占99.4%。CNKI核心期刊数据显示,政府与社会关系研究文献发文量排名第一的是周庆智(中国社会科学院),发文量仅为4篇;发文量小于等于2篇的作者占90.2%。这些数据说明,政府与社会关系领域尚未有核心研究人员,对于相关领域的研究处于摸索阶段。

三、学科和期刊来源

政府与社会关系研究文献在SSCI中主要分布在经济管理和公共管理等领域;在CNKI核心期刊中,主要集中在社会科学领域,属于社会科学的期刊占86.9%,见表5-2。

SSCI数据显示,政府与社会关系研究文献的期刊来源较为分散。82.79%的期刊收录的相关文献小于或等于2篇。发文量排名首位的期刊 *Journal of Policy Modeling* 收录17篇文章,仅占文献检索结果的0.95%。

CNKI核心期刊情况相近,71.7%的核心期刊收录了小于或等于2篇的相关文献;发文量排名首位的期刊《社会主义研究》仅收录了7篇相关文献。由此可知,无论是国内还是国外,政府与社会关系研究文献都没有相对集中地刊登在某一期刊上,较为分散。

表5-2　SSCI和CNKI核心期刊中政府与社会关系研究文献发文量排名前五位的期刊

排序	SSCI	CNKI
1	Journal of Policy Modeling	《社会主义研究》
2	Social Science & Medicine	《中共福建省委党校学报》
3	Journal of Business Ethics	《社会》
4	Government Information Quarterly	《云南社会科学》
5	Nonprofit and Voluntary Sector Quarterly	《中国行政管理》

第三节　研究热点主题的知识图谱解析

一、研究热点主题的识别

运用CiteSpace软件对SSCI中政府与社会关系研究的高频关键词进行分析,阈值设定为20,频率设定为大于5。图5-3中圆圈的大小与关键词的词频成正比。高频关键词有civil society、government、governance、policy、democracy等,都是与政府治理相关的词。由此可知,国外政府与社会关系研究的重点是政府这一主体,同时强调政策的功能性对于政府与社会关系的影响。

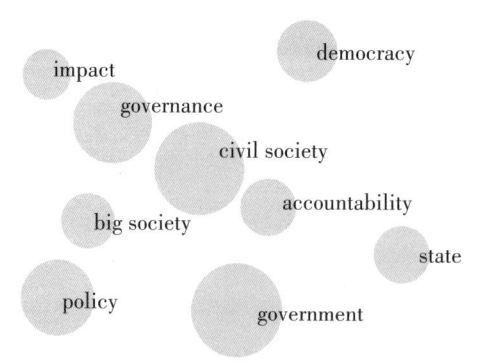

图5-3 国外政府与社会关系研究高频关键词图谱

CNKI核心期刊数据分析结果见图5-4。依旧运用CiteSpace软件对高频关键词进行分析,阈值设定为20,频率设定为大于5。分析结果显示,频次较高的关键词有劳动关系、政府、社会、党政关系、社会组织、公共关系等。

图5-4 国内政府与社会关系研究高频关键词图谱

对相关数据库进行主题词检索时发现,政府与社会关系包含了众多子关系。这些子关系共同构成了政府与社会关系,包括国家与社会的关系、社会治理主体间的关系等。

二、主要研究热点主题的综述

政府与社会关系是国内外公共管理学界共同关注的理论问题,已经形成了相对丰富的研究成果。以Web of Science核心数据库和中国知网为平台,运用CiteSpace软件对国内外政府与社会关系研究的高频关键词进行分析,发现government、governance、policy、democracy以及社会、政府、政社关系等是当前学界主要的研究热点主题。结合对具体研究文献内容的梳理、总结,对国内外学界政府与社会关系主要研究热点主题的综述,是围绕其内涵、方向、发展、具体实践及优化途径等方面展开的。

(一)研究热点主题1:政府与社会关系的内涵

主要探讨政府与社会之间关系的内涵。国内学者对于政府与社会关系的研究主要基于宏观、中观和微观三个层面,分别从国家与社会关系、组织与环境、行动研究三个视角进行探讨。

一是宏观层面的国家与社会关系视角。比如,毛寿龙(2020)提出,一般而言,政府与社会组织的关系是透视政府与社会关系的基本视角。政府与社会的关系是现代人类社会中的一种重要关系,一直受到社会的关注。一方面,政府与社会的关系关乎现代化国家的发展;另一方面,其影响每个人的社会秩序。刘涛等(2015)指出,政府与社会的关系是任何一个国家在现代化进程中都必须面对的基本问题。历次中国政府管理体制改革要解决的问题无不涉及如何处理政府与社会(市场、企业、社会组织、个人)之间的关系。

二是中观层面的组织与环境视角。汪锦军等(2022)则是通过对浙江社会组织发展进行实证调查,运用资源依赖理论所提供的结构性分析方法,阐释了民间组织同政府之间的互动行为。

三是微观层面的行动研究视角。张紧跟等(2008)归纳出民间组织对待政府的若干策略,借用非正式政治从某种程度上合法化自己;利用政府权威以及政治网络达到组织的目标,甚至影响政府。

国外研究中,比较具有代表性的有:Biox & Posner(1998)指出,社会组织的发展是衡量社会发育程度的一个重要指标。Bob & Foley(1996)认为,社会组织是构成第三部门的主体。Ehrenberg(1999)认为,第三部门与第一部门(政府)和第二部门(市场)相辅相成。Putnam(1993)指出,第三部门对第一部门的发展有影响,通过对中国农村进行研究,发现农村的社会资本和社会组织的发育情况与农村的公共服务提供水平和质量显著相关。Tarrow(1996)和 Pearson(1997)认为,第一部门发育情况对第二部门的发展有影响。市场经济给社会带来至少两个新生事物:一个是国家之外的社会空间,另一个是新兴的社会群体。比如,在国家单位之外工作的社会阶层,最为突出的就是私营企业中的经济精英,以及在城市地区富裕起来的中产阶层。不少研究者从一开始就试图把这两个新生事物与政治经济结构的变迁联系起来。Pearson(1997)认为,经济自由化带来了新的空间和群体,从而有利于社会组织的发展,最终可以促进政治发展。尽管开放出来的社会空间有限,新兴的社会群体的独立性也值得质疑,但社会组织的发育确实因为市场经济发展而有所促进。Fardiah Dedeh 等(2019)提出,发展中国家的发展行为者是政府和社会。为了实现发展目标,需要发挥彼此之间的协同作用。"互联网村"或"智慧村"是政府在工业4.0时代为改善社区福利而推出的一项举措,包括鼓励电信运营商为村庄提供互联网接入等服务。

(二)研究热点主题2:政府与社会关系的方向

主要探讨政府与社会之间关系的发展方向。

一是从管理过多、公众与社会组织参与不足的统治型管理模式向以公共利益为中心的善治型服务模式转变。郝梓任(2021)从新公共管理运动的角度探讨政府和社会之间的联系,认为具体表现在政府由原本的权力核心转变成服务核心,由以往的效率核心调整为成本核心,从个体利益上升至公共利益。对于社会总体、市场经营主体、公民个人三者之间的关系,政府在实际管理举措中进行调整,逐渐从统治型管理模式转向善治型服务模式。闫晓(2016)认为,在乡村自治的不断发展中,政府管理过多、村民与社会组织参与不足等问题日益凸显,通过重塑乡村治理中政府与社会的关系对乡村善治尤为重要。

二是建构适应互联网时代需要的新型政社关系。张成龙等(2016)认为,新媒体对政府与社会关系的变化产生重要影响。随着新媒体的快速发展,政府与社会之间的关系产生了变化,政府通过变革社会治理方式予以回应,同时社会治理方式也会对政府与社会关系的重构产生重要影响。

政府与民众之间在现实社会中的互动或对立不可避免地会映射到网络社会中,网络中的"社会"逐步强大,社会力量得到迅速壮大;网络社会中的"政府"处于弱势地位。政府与社会关系的调整,引发社会治理方式变革,进一步反作用于政府与社会的关系。二者之间形成一种"互构"关系,同时赋予新媒体时代特色。吴青熹(2017)指出,互联网的兴起引发传统政社关系的巨大变迁,最显著的表现就是由于社会化媒体的发展所产生的新型网络公共领域。政府需要找到不同网络社群对话的"合意空间"。在网络社会主体多元化和民间舆论兴盛的背景下,政府应当努力成为网络公共问题的设置者和公共规则的维护者。

国外研究中,比较具有代表性的有:Jean(1995)指出,政府与社会互动研究的大方向是政府和企业之间的互动,主要是作为国家代理人的地方政府和企业之间的互动。比如,地方法团主义、地方发展型政府,多强调作为国家代理人的地方政府对企业的嵌入,从而形成共生性庇护关系。Evans(1997)认为,政府与社会的关系主要体现在国家代理人通过参与社区的日常生活获得社区治理身份,从而获得社会成员的认同。社会组织是社会中的重要力量之一,西方国家通常会对社会组织提供的养老服务进行监督管理。比如,Plugaru等(2010)通过实地研究和深度访谈得出结论,服务监督对于提高服务质量、增强家庭护理人员的专业性和确保政府购买服务的效果都是非常有益的。

(三)研究热点主题3:政府与社会关系的发展

主要探讨政府与社会之间关系的变迁及发展。

一是从统摄型向管理型转变。李鹏等(2015)指出,中国政府与社会关系的变迁发展有着深刻的内在逻辑性。从政府角度来看,政府职能转变的需要是推动政府与社会关系发展的重要动力。在新中国成立之初,政府与社会之间的关系不可避免地呈现出政府对社会强力统摄的高度同质化特征;党的十一届三中全会以后,国内政府与社会的关系呈现出从统摄型向管理型转变的特点;进入新世纪以后,政府与社会的关系出现了从管理到合作、从一元到多元的变化。同时,经济、社会的发展需要是政府与社会关系变化的另一个重要推动力量。任学丽(2015)认为,在新中国成立初期,以单位制度的建立和发展为基础,国内逐步形成了总体基本重合、局部相对分离的政府与社会关系模式;党的十一届三中全会以后,随着单位制度的变迁,政府与社会关系呈现出总体分离、局部谋求合作的新态势;未来中国政府与社会关系的发展,应当动态把握分与合的合理限度,进一步转变政府职能,发挥社会自治功能,促进政府与社会有机衔接、良性互动。

二是从政社关系到党社关系。刘伟(2021)指出,我国社区治理研究的视角由政社关系转向党社关系,是回应社区治理失灵的需要,也是我国政治权力结构与党的宗旨和属性的体现。徐选国等(2020)认为,国内社会工作的第一重嵌入实质上就是社会工作与当前占主导地位的社会服务体制(主要以政府或街居权力主体为象征)之间的关系,可以理解为政社关系;第二重嵌入具有根本性,为社会、为民众的福祉或更好的社会生活状态而努力,可以理解为党社关系。总而言之,从政社关系到党社关系的转变成为解释中国社会工作发展的根本机制或新型范式,这也可能是促进嵌入性发展跳出传统的国家与社会关系的新解释。

国外学者对政府角色进行了深入研究。比如,Fardiah Dedeh等(2019)指出,政府扮演调停者和项目促进者的角色,特别是在基础设施采购、培训和人力资源开发方面。具体而言,这种角色主要由区和村政府执行,而街道的最优角色较少。Parker等(2003)对英国的政府与社会资本合作模式进行了探讨,认为支撑其PPP项目的主要法律是《公共采购法》,该法对PPP合作各方的权利义务做出了明确规定。

(四)研究热点主题4:政府与社会关系的具体实践

主要探讨政府与社会之间的关系在现实中的主要表现。第三部门与政府的互动关系是主要表现之一。第三部门作为政府与社会的"中间层",在公共服务供给方面发挥着重要作用。部分研究以第三部门的策略运用为对象,通过研究第三部门的实践策略,分析第三部门特别是民间组织如何实现自身成长,从而展现政府与社会的关系。进一步健全公共服务体系、提升民生福祉,均需要第三部门在政府的有效支持下充分发挥作用。国内一些学者围绕第三部门进行理论思辨与实证研究,对中国政府与社会的关系进行深入解读。比如,张紧跟等(2008)认为,"非正式政治"是草根非政府组织的发展策略,纯民间组织通过这一策略尝试改变其与政府之间的关系,使之朝着有利于自己发展的方向变化。邓燕华等(2008)指出,地方政府对民间组织的选择性管理为老年协会自主性发展提供了空间,老年协会由于吸纳了其他非老年人口的资源与力量,增强了其在农村的权威和集体行动中的动员能力,而这又促使地方政府强化对老年协会的管理,造成双方的冲突与妥协。姚华(2013)探讨了在与政府的合作中,非政府组织的自主性何以可能,指出"做加法"是一种有智慧、有成效、可复制的策略。

国外研究中,比较具有代表性的有:Sonnenberg Christian(2020)指出,社交媒体是一种有价值的工具,有助于政府与社会之间的沟通和协作。Philipp Erpf等(2019)从社会创业与公共行政实践的关系出发,提出并讨论了一个由三种维度构成的分析框架。在第一维度中,社会创业实践和支持性政策在其存在的范围内,完全被置于地方的社会历史传统和群体文化传统中;在第二维度中,各国政府已经推行或正在推行体制改革,主要包括进行制度改革,力求摆脱可能限制社会企业的历史和文化偏见;在第三维度中,设计和实施的改革侧重于社会企业行为,如获得人力和金融资本、进入开发产品和/或服务的市场、接触负责建立环境的政府决策者和/或有利于社会企业行为和企业的政策。

(五)研究热点主题5:政府与社会关系的优化途径

主要探讨政府与社会关系的优化途径。

第一,主要从政府、社会组织、制度环境、公众等角度进行阐述。於超等(2008)提出,在政府和社会组织两者间建立真正平等、有效的互动关系,不仅要缓解两者之间的各种矛盾,创造宽松的制度环境和科学规范的管理体制,更要加强社会组织自身的能力建设,明确两者权、责、利关系,促进社会组织有效参与政府管理。双艳珍(2021)探讨了如何构建政府与社会组织之间的互信关系。从政府角度来看,基于对社会组织提供养老服务的信任,政府要做好认同、赋权与培育三项工作;从社会组织角度来看,政府与社会组织的关系从新中国成立之初的全能型政府管理体制向

"行政吸纳社会"体制转变。郝梓任(2021)提出,有效塑造政府和社会之间的关系模式应做到以下几点:一是政府需围绕公民的实际需要调整服务导向;二是强调为民服务的准确性及成效;三是需要全面培育大众参与其中的观念;四是和第三部门建立有效且稳定的关系,既要减轻政府公共部门的工作压力,又要能促使第三部门完成部分公共服务,以提升行政行为实施的效率及质量。

第二,着眼于和谐社区理念下政府与社区关系的重构。徐金燕等(2006)提出,造成政府与社区关系失衡的原因是政府过度介入和宏观引导作用的有效性发挥不足。在和谐社区理念的指导下,树立科学的社区观,建立政府与社区的横向互动网络,完善法制,重构政府与社区的新关系,使政府与社区协同合作,以推进社区的和谐发展。王丽慧等(2009)以城市和谐社区建设中的地方政府角色为着眼点,提出在构建和谐社区过程中,政府应与社区之间建立分工合作的新型关系,应扮演好社区建设的服务者和保障者、社区组织的培育者、社区建设的谋划者和组织者、社区关系的协调者等新角色,应发挥政府在建设和谐社区中的作用,以实现社区和谐的战略目标。

国外研究中,比较具有代表性的有:Lyudmila Petrova等(2012)提出,应让真正工作的公共组织人员参与到公共咨询工作中来。Santes Alvarez Ricardo(2020)指出,实行政府与公民共同承担责任的治理模式,需要进行制度改革,而改革必须在广泛对话和协议的框架内,鼓励决策的分权、包容和透明。Saputra Jumadil等(2021)认为,市政府与社会之间加强合作,有助于共同预防新冠病毒的传播。

三、研究热点主题的变迁历程与特征

(一)研究热点主题的变迁历程

国内外的政府与社会关系经历了不同的变迁阶段。在不同阶段,政府与社会的关系呈现出不同的特征。对于国内政府与社会关系变迁的研究,通常是从新中国成立开始进行的。

第一阶段为1949—1977年,高度同构的政社关系。在农村,通过建立人民公社制度将农民纳入以地域为单位的人民公社之中;在城市,通过建立单位制将城市居民纳入各类单位组织之中。政府对社会的强力控制,一方面,有利于凝聚社会力量、巩固国家政权、维护社会稳定,为迅速恢复国民经济提供较好的社会环境条件。另一方面,社会生活被纳入行政权力和管理框架之中,政府对社会事务几乎"无所不包、无一不揽",基层社会自治空间被挤压,社会组织自主性活动空间被压缩。

第二阶段为1978—2011年,初步分离的政社关系。改革开放以来,通过政治体制改革、政府职能转变,国家权力逐步退出一部分市场和社会空间,政府得以从无限责任中摆脱出来,社会的自主性空间也在不断扩大。党的十六大报告指出:"发展社会主义民主政治,建设社会主义政治文明,是全面建设小康社会的重要目标。必须在坚持四项基本原则的前提下,继续积极稳妥地推进政治体制改革,扩大社会主义民主,健全社会主义法制,建设社会主义法治国家,巩固和发展民主团结、生动活泼、安定和谐的政治局面。"随着社会组织的成长空间日益扩大,公民参与意识的加强,社会组织的工作重心也逐渐由服务政府向服务社会转变。

第三阶段为2012—2018年,全面重构的政社关系。一是"政社分开"成为社会组织体制改革的重要目标。2012年,党的十八大报告提出,加快形成政社分开、权责明确、依法自治的现代社会组织体制。二是把社会组织纳入治理主体之列。2013年,党的十八届三中全会强调"构建程序合理、环节完整的协商民主体系,拓宽国家政权机关、政协组织、党派团体、基层组织、社会组织的协商渠道"。三是政府向社会组织购买服务。2016年,《中共中央办公厅、国务院办公厅关于改革社会组织管理制度促进社会组织健康有序发展的意见》提出,逐步扩大政府向社会组织购买服务的范围和规模,对民生保障、社会治理、行业管理等公共服务项目,同等条件下优先向社会组织购买。《财政部、民政部关于通过政府购买服务支持社会组织培育发展的指导意见》提出,通过政府向社会组织购买服务引导社会组织加强自身能力建设,优化内部管理,提升社会组织服务能力和水平,充分发挥社会组织提供公共服务的专业和成本优势,提高公共服务质量和效率。总体上,政府向社会组织购买服务,客观上有利于政府更好地对社会组织进行分类指导、重点支持和监督管理。

第四阶段为2019年至今,协商合作的政社关系。2019年,中国共产党第十九届中央委员会第四次全体会议通过的《中共中央关于坚持和完善中国特色社会主义制度 推进国家治理体系和治理能力现代化若干重大问题的决定》提出:"必须坚持一切行政机关为人民服务、对人民负责、受人民监督,创新行政方式,提高行政效能,建设人民满意的服务型政府""优化政府职责体系。完善政府经济调节、市场监管、社会管理、公共服务、生态环境保护等职能,实行政府权责清单制度,厘清政府和市场、政府和社会关系""必须加强和创新社会治理,完善党委领导、政府负责、民主协商、社会协同、公众参与、法治保障、科技支撑的社会治理体系""实现政府治理和社会调节、居民自治良性互动"。

西方国家从20世纪70年代末开始,兴起新公共管理"范式"变革。随后,公共管理学界开始大量研究改革实践中的新理念、新方法,出现了关于治理、善治、新公共治理等新兴理论和学说。这些理论和学说涉及政治、经济、文化等领域。20世纪90年代以后,随着经济全球化和政治民主化的进一步发展,政府与社会组织的合作范围不断扩大,合作形式不断拓展,取得了较多的合作实践成果。其中,最具代表性的是英国、加拿大和澳大利亚三国的政府部门与社会组织签署的合作协议。1998年,英国中央政府和全英慈善与社区中心共同签署了具有划时代意义的《政府与志愿及社区组织关系协定》。此协定为政府和非营利组织之间的合作伙伴关系提供了基本的框架,在政府采购、志愿活动、咨询和政策评估、社区等方面确立了合作原则,同时适度放宽了一些政府补助的政策限制。21世纪以来,政府与社会组织在该协议框架内,逐渐建立起多方面、多领域、多角度的全面合作关系。2010年,澳大利亚政府和志愿组织在议会正式签署"全国性协议——携手合作"。"全国性协议——携手合作"的主要内容由共同的使命、共同的目标、共同的原则和共同的志向等方面构成。英国、加拿大、澳大利亚三国的社会组织比较发达,在本国经济社会发展中起到了重要作用,这也是三国政府与社会组织签署合作协议的基础。这些合作协议的内容都具有非常强的前瞻性和指导性。在实施机制上,都是由政府代表与非营利部门代表共同组成一个委员会或小组负责协调工作。政府与非营利组织均设立了一套领导机构、监督机构,确保合作协议的顺利实施。

(二)研究热点主题的特征

通过对 government、governance、policy、democracy 以及社会、政府、政社关系等主要研究热点主题进行文献梳理,发现研究热点主题呈现出以下鲜明特征:

第一,在研究内容上,主要围绕如何应对"变强的社会"展开。斯密特(1974)指出,法团主义作为一个利益代表系统,其作用是将社会主体中的组织化利益结合到国家决策结构中。相比之下,国内研究实现了对社会组织、法团主义观点的继承与突破,取得了较为丰硕的成果。特别是改革开放以来,市场在资源配置中的决定性作用逐渐凸显,各级地方政府在实践层面展开了对政社关系发展模式的新探索。刘荣臻(2013)指出,民间社会组织的救助活动旨在救助弱势群体,维护既有社会的政制及社会秩序,协助国家走出困境;而国家也正是借助民间社会组织的强大力量,协助其开展对弱势群体的救助工作,从而实现社会秩序的稳定,维护其统治地位。

第二,在研究视角上,对政府与社会关系的研究较为多样化。张汝立等(2017)从公众的角度,基于"公众参与"和"政府回应"两个维度探讨政社关系。吕纳(2013)采用中观组织和微观行动相结合的研究视角,揭示政府与社会组织之间关系的生成、发展和变化。严仍昱(2015)认为,从社会管理到社会治理,是政府与社会关系变革的必然趋势,反映了政府与社会关系变革的历史与逻辑的统一。汪锦军(2014)提出,多层级政府结构与纵向权力关系是认识中国政府与社会关系的重要分析视角,纵向权力关系影响了政府与社会互动的过程。因此,政府与社会的互动是一个多层级政府与社会的复杂运行过程。王一(2012)从有限政府的理论视角出发,对地方政府的行为提出新要求,以实现新型政社关系。

第三,在研究方法上,对政府与社会关系的研究不够多元化。在相关的实证研究中,理论假设方面显得比较薄弱。没有理论假设的实证研究,不免是检视一番模糊的概念,或是简单地直观描述所研究的对象,不利于培养研究者对经验事实的学术敏感性和问题意识。有的研究,虽然有理论假设,但或泛泛而指,或概念缺失,或难以操作,理论假设无法成为实证研究的工具。当然,也有越来越多的研究开始采取个案研究的方法,相对于空泛甚至没有对话对象的研究而言,这无疑是非常重要的研究范式转变。比如,管兵(2015)基于现有个案和制度规范,对社会工作和政府购买服务开展研究。冷向明等(2019)基于W市C社会组织发展的纵向案例,揭示了国家与社会组织之间的一种新关系形态,并将其界定为"半嵌入性合作"。

第四节　小结

政府与社会关系研究是公共行政生态变化的新阐释,是公共管理研究领域中的重要问题,同时也是推进国家治理体系和治理能力现代化的枢纽性问题。总体而言,国内外对于政府与社会关系类型的研究主要分为两类:大政府—小社会、小政府—大社会。大政府—小社会的典型是计划经济社会。而小政府—大社会的典型是市场经济社会。此外,社会组织作为政府与社会关系中的重要元素,是衡量社会发育程度的一个重要指标。尤其是在推进国家治理体系和治理能力现代化的背景下,需要社会组织有序地在国家期望的轨道内发展,为推进国家治理体系和治理能力现代化增添助力。同时,社会组织也是社会治理的重要主体和依托。鼓励和支持社会力量参与社会治理和公共服务,强调建设多主体参与、各尽其责的有序共治主体互动模式,已经成为学界的共识。

第六章

国内外社会治理创新研究

党的二十大报告指出："推进国家安全体系和能力现代化,坚决维护国家安全和社会稳定""完善社会治理体系。健全共建共治共享的社会治理制度""健全城乡社区治理体系""加快推进市域社会治理现代化""建设人人有责、人人尽责、人人享有的社会治理共同体"。

社会治理作为国家治理体系的重要单元,引起了学界的广泛关注。学界对社会治理的研究主要集中在其意义与内涵、治理主体的多元化、社会治理体制机制的创新等方面。社会治理可以理解为政府、社会组织、社会公众等对社会公共事务的合作性管理。①

第一节 数据来源

在SSCI中,以"主题=social governance innovation OR public governance innovation OR governance innovation",限定WOS类别为political science、public administration、management,限定文献类型为article、review、proceedings paper进行检索,人工剔除无效信息后,共获得1954篇文献。以中国知网为平台,采取高级检索方法,文献来源为核心期刊,以"主题=社会治理创新"进行检索,人工剔除无效信息后,共获得534篇文献。检索日期为2019年10月28日。

第二节 研究的基本状况

一、年代分布

国外社会治理创新研究文献数量总体上呈上升趋势。1999—2010年,相关研究文献数量逐步增长;2011—2019年,相关研究文献数量增长较

---

① 申丽娟.整体性治理视角下的社会治理现代化转型研究.重庆:西南师范大学出版社,2018:49.

快,2015年突破150篇。CNKI核心期刊中关于社会治理创新的第一篇研究文献发表于2005年。2005—2013年,每年发文量都在25篇以下;2014年发文量陡增,2014—2016年年均100篇左右,随后稍有回落。截至2019年10月28日,2019年的发文量为45篇。(见图6-1)

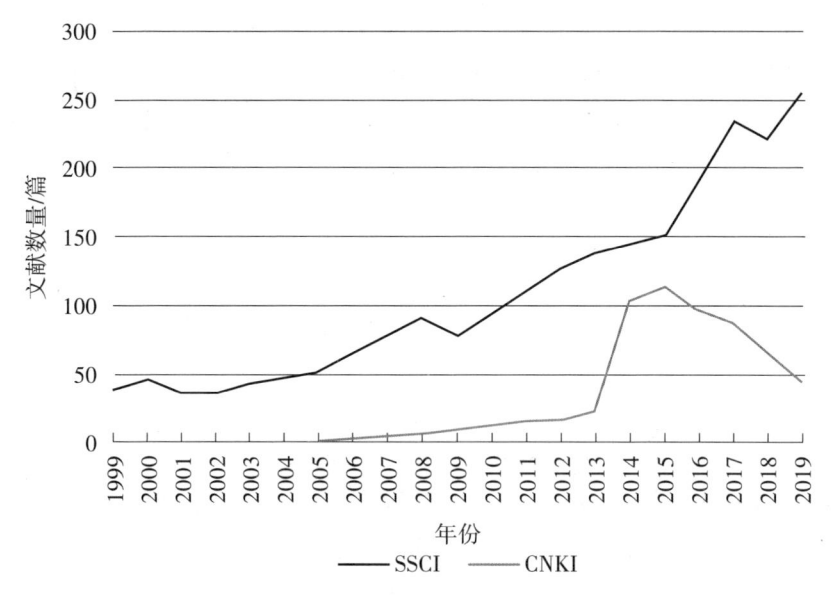

图6-1　SSCI和CNKI核心期刊中社会治理创新研究文献量的年代分布

二、优势国家(地区)/机构与核心作者

SSCI中社会治理创新研究文献发文量排名靠前的国家(地区)见图6-2。图中的圆圈代表国家(地区),圆圈的大小与发文量成正比。圆圈最大的是美国,发文量最高,西班牙、德国紧随其后,这些国家(地区)的科研实力突出;发文量较高的国家(地区)还包括意大利、英格兰、荷兰等。

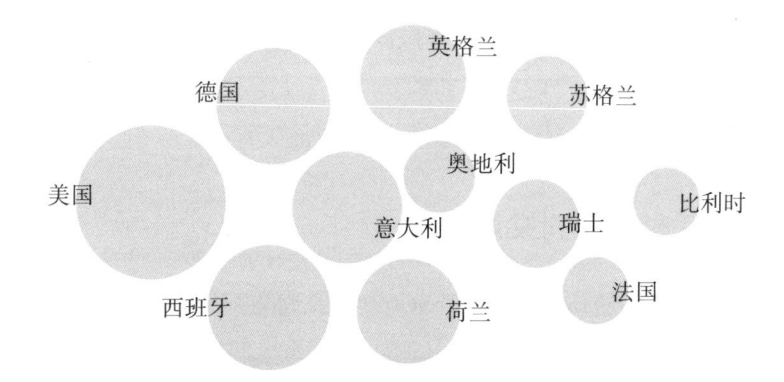

图 6-2　社会治理创新研究文献发文量排名靠前的国家(地区)

社会治理创新研究文献发文量排名靠前的机构见表 6-1。在发文量排名前十位的机构中，美国 4 所、英国 3 所。从 CNKI 核心期刊数据来看，发文量排名前三位的分别是中共中央党校、中国人民大学、南京大学。

表 6-1　SSCI 和 CNKI 核心期刊中社会治理创新研究文献发文量排名前十位的机构

排序	SSCI		CNKI	
	机构	发文量/篇	机构	发文量/篇
1	University of London	67	中共中央党校	17
2	University of Manchester	40	中国人民大学	16
3	Erasmus University Rotterdam	36	南京大学	15
4	University of California System	34	清华大学	14
5	University of Zurich	32	华中师范大学	13
6	Arizona State University	31	国家行政学院	12
7	Harvard University	28	苏州大学	11
8	University of Georgia	27	浙江大学	10
9	University of Edinburgh	26	武汉大学	9
10	Copenhagen Business School	25	北京师范大学	8

SSCI 中社会治理创新研究文献发文量排名靠前的作者分别是来自丹麦罗斯基勒大学的 Torfing(10 篇)和 Sorensen(9 篇)，以及荷兰鹿特丹伊拉斯姆斯大学的 Van Buuren。这从侧面反映出欧洲的学者对社会治理创新研究的关注度较高，并逐步形成了核心作者群。相比之下，CNKI 核心

期刊中的核心作者较少。发文量最高的作者有郁建兴（清华大学）、孙涛（中共青岛市委党校）、朱懿（广西财经学院）以及卢福营（杭州师范大学），发文量均为4篇；而绝大多数作者的发文量都只有1篇。

三、学科和期刊来源

社会治理创新研究文献在SSCI中主要分布在管理学、公共管理学、商业学、政治科学等领域（见表6-2）。值得一提的是，65%以上的文献都属于管理学领域。而在CNKI核心期刊中，社会治理创新研究文献主要集中在公共管理学领域，占比高达55.32%。由此可见，国内外社会治理创新研究文献的学科分布较为接近，主要分布在管理学及公共管理学等领域。

表6-2　SSCI和CNKI核心期刊中社会治理创新研究学科分布

排序	SSCI	CNKI
1	Management	公共管理学
2	Public Administration	政治学
3	Business	社会学
4	Political Science	法学
5	Environmental Studies	民族学

SSCI和CNKI核心期刊中社会治理创新研究文献主要期刊来源分布见表6-3。SSCI中发文量排名前三位的期刊分别是 *Research Policy*、*Strategic Management Journal*、*Science and Public Policy*。CNKI核心期刊中发文量排名前十位的期刊覆盖了超过60%的文献，发文量最高的是《人民论坛》。

表6-3　SSCI和CNKI核心期刊中社会治理创新研究文献发文量排名前十位的期刊

排序	SSCI	CNKI
1	*Research Policy*	《人民论坛》
2	*Strategic Management Journal*	《中国行政管理》
3	*Science and Public Policy*	《领导科学》

续表

排序	SSCI	CNKI
4	Environment and Planning C: Government and Policy	《理论探讨》
5	Technology Analysis & Strategic Management	《理论导刊》
6	International Journal of Technology Management	《治理研究》
7	Review of Policy Research	《中国党政干部论坛》
8	Public Management Review	《科学社会主义》
9	Organization Science	《探索》
10	Environmental Politics	《福建论坛》(人文社会科学版)

第三节 研究热点主题的知识图谱解析

一、研究热点主题的识别

运用CiteSpace软件对SSCI中社会治理创新研究的高频关键词进行分析，频率设定为大于5。图6-3中，social innovation的圆圈最大，这也是检索策略中的检索词。management、governance、policy等也是研究的主题。除此以外，还有corporate governance、community、perspective、performance等。

运用CiteSpace软件对CNKI核心期刊中社会治理创新研究的高频关键词进行分析，频率设定为大于10。和SSCI数据分析结果类似，与研究主题紧密相关的社会治理、创新两个关键词的词频较高。图6-4体现出社会治理的不同层面，如治理创新、基层治理、基层党建等；强调了社会组织、大数据在社会治理创新中的作用；同时还可以看出，协商民主和乡村振兴也是社会治理创新研究中的关注对象。

图6-3　国外社会治理创新研究高频关键词图谱

表6-4　国外社会治理创新研究高频关键词

序号	关键词	频次	序号	关键词	频次
1	social innovation	681	11	sustainability	88
2	management	543	12	collaboration	87
3	governance	293	13	organizations	86
4	policy	219	14	firms	85
5	corporate governance	147	15	systems	80
6	community	132	16	absorptive-capacity	79
7	perspective	130	17	knowledge	77
8	performance	117	18	strategic alliances	76
9	sustainable development	98	19	politics	75
10	city	97	20	strategy	74

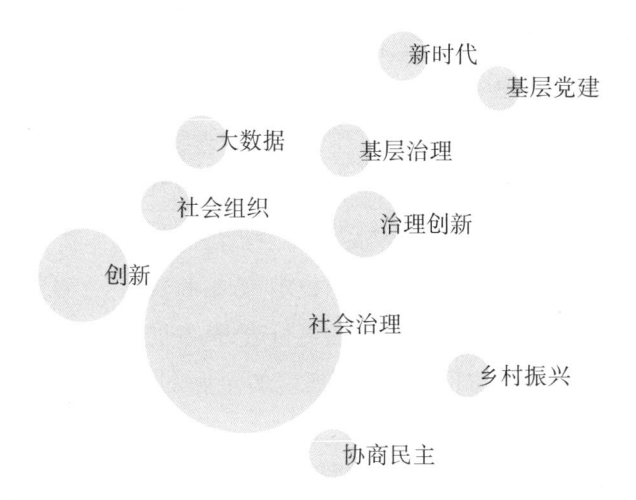

图6-4 国内社会治理创新研究高频关键词图谱

二、主要研究热点主题的综述

社会治理创新是推进国家治理体系和治理能力现代化的重要途径。以 Web of Science 核心数据库和中国知网为平台,运用 CiteSpace 软件对国内外社会治理创新研究的高频关键词进行分析,发现 governance、management 以及社会治理、治理创新、基层治理、乡村治理等是当前学界主要的研究热点主题。结合对具体研究文献内容的梳理、总结,发现目前学界对于社会治理创新的研究主要围绕社会治理创新的概念界定、主要领域、综合动因、多元模式、实践路径等方面展开。

(一)研究热点主题1:社会治理创新的概念界定

国内学者多从国家治理、治理现代化的宏观视角出发,审视社会治理创新的定义、内涵,进而分析社会治理创新的价值和功能。比如,王勇(2014)指出,社会治理创新的过程实质是法治国家建设的过程,社会治理创新的内涵实质是法治国家建设的更高层次要求。黎昕(2018)提出,加强社会治理创新,推进社会治理现代化。在国家治理的意义上,社会治理创新具有保障和改善民生、维护社会公平正义、激发社会发展活力、促进社会和谐稳定等价值。梁进华(2021)进一步提出,社会治理创新从内在上要求政府通过构建多元主体协同治理的方式加强对公共服务的供给，努力实现公共服务均等化。除此之外，还有学者立足现有网络技术，阐述社会治理创新的内涵。比如，冉连（2017）对虚拟社会治理创新进行了界定，即运用已有的经验与资源，根据政治、经济以及社会发展情势，尤其是根据互联网自身运行规律、趋势以及社会治理的相关理念与规范，研究并运用新的虚拟社会治理理念、知识、技术、方法和机制等，对传统虚拟社会管理模式及相应的管理方式和方法进行改进、发展与突破，从而建构新的网络虚拟社会治理机制与制度，以实现多元主体共同管理虚拟社会公共事务目标的过程。

国外研究中，比较具有代表性的有：Nelson（1993）指出，国家治理创新体系除了涉及各种制度因素和技术因素之外，还包括政府基金、规划机构以及致力于公共技术知识创新的大学。Lesmana Rian Andhika 等（2018）认为，社会治理创新描述了政府活动中创新过程的要素。创新需要管理好，才能展示成果和效益。

（二）研究热点主题2：社会治理创新的主要领域

一是关注基层社会治理创新。王旺（2021）以古岘镇一里村乡村社会治理为例，探究乡村社会治理创新过程中存在的问题和瓶颈，提出只有以问题为导向准确选择创新路径，才能不断提升乡村的社会治理水平。卢宪英（2018）以H省移民新村社会治理机制创新实践为研究对象，提出紧密的共同利益是基层社区良性自治的决定性因素。肖平等（2021）认为，新时代乡村社会治理创新要从构建新型乡村共同体、凝聚乡村社会共识、弥补精英治理缺陷、重构乡村振兴动力等方面着手。

二是关注大数据与信息技术驱动的社会治理创新。数据智能驱动社会治理创新的风险效应成为当前国内学界热烈讨论的问题。比如，周利敏等（2021）认为，在数据智能时代，风险治理首先需要解决的是技术问题。李传军等（2015）指出，社会治理必须通过创新来实现对环境的适应，这就需要充分运用大数据技术，创新社会管理方式，因为大数据技术在社会治理领域尤其是网络民主方面的作用是不容忽视的。郑志来（2016）明确提出,大数据具备社会治理应用条件,传统社会治理模式与社会经济发展之间的不匹配对服务型政府提出新的要求,"互联网+"、物联网、云计算等信息技术的发展为大数据的广泛应用提供了可能性。曲甜等(2020)认为,在大数据技术驱动之下,政府治理模式不断得到优化,特别是整体型政府、回应型政府、开放型政府和合作型政府都在大数据的推动下得到发展。

国外研究中,比较具有代表性的有:McGuirk Pauline等(2020)认为,创新城市治理的各种新生态系统不断出现,有可能重塑城市决策的政治和参数,产生新的机构设置,重建城市的多尺度关系,并援引新的权力形式。Paschoal等(2019)分析了巴西里约热内卢的城市治理创新实践,认为所有利用数字信息和通信技术的城市治理创新都是领导和管理战略的重要内容。

(三)研究热点主题3:社会治理创新的综合动因

核心是回答"社会治理创新为什么会发生",或者是回答"为什么需要推进社会治理创新"。

一是现实动因。宋玉波等(2017)认为,社会治理水平滞后于社会变革是社会治理创新的现实动因。任克强(2021)提出,城市基层政府社会治理创新的动因包括上级政府绩效考核的压力机制、同级政府"创新锦标赛"的驱动机制、体制机制不畅的问题倒逼机制、民众期望不断升级的需求引导机制。张海柱等(2022)指出,社会治理以解决转型时期因经济社会发展失衡而引发的各类矛盾冲突问题为基本任务。

二是环境动因。张海柱等(2022)提出,自上而下的政策激励或压力环境理应成为地方社会治理创新改革的重要推动因素。张丽等(2018)以网格化治理的典型"织网工程"为例,分析了网格化治理创新的动因,认为其在于:社会、政治、经济、科技、文化以及国际环境等因素所提供的动力、支持与保障。

三是文化动因。查旺斯基(2021)认为,地区民族文化作为一种"软元素",在民族地区农村基层社会治理创新中起着微妙而举足轻重的作用。

沈杰(2021)认为,马克思主义社会治理思想与中国传统治理思想之间存在价值契合,是社会治理创新的文化动因。

国外研究中,比较具有代表性的有:Mann Carsten 等(2022)重点分析影响创新发展的生物物理、社会和技术因素。Ahmad Muksin 等(2021)认为,"一站式"综合服务是在当前实践中出现的新的治理创新政策。María Mar Delgado-Serrano 等(2020)认为,市场激励政策和水务当局执法能力有限等外部驱动因素是导致地下水枯竭的主要原因。

(四)研究热点主题4:社会治理创新的多元模式

一是以网络化治理模式进行社会治理创新。童星(2015)指出,社会治理创新的关键在于从科层制管理模式走向网络型治理模式。沈承诚等(2020)基于J市X镇的案例研究,认为经济发达镇的社会治理模式不能照搬城市盛行的网格治理模式,要基于"网格化+网络化"复合治理模式来回应治理的情境需要,促成社会的有效治理。

二是以元治理模式推动社会治理创新。元治理模式既体现了马克思主义国家治理理论原则,也符合中国传统治理文化要求。葛明驷(2021)指出,县级融媒体创新基层社会治理的理论逻辑在于元治理体系构建,即保障政府主导地位、整合协同多种治理模式和构建透明性治理环境。

三是以协商民主治理模式推动社会治理创新。马海韵(2018)提出,社会治理创新需要强调社会成员个体的主观感受。可取之道是引入协商民主技术,并以协商治理作为地方社会治理创新的阶段性目标,进而实现社会治理创新模式从悬浮走向协商。杨守涛(2019)发现,西南某省M县农村社会治理的"群众会+"模式是创新农村社会治理、实现乡村振兴较具代表性的成功实践。

国外研究中,比较具有代表性的有:Bussola Francesca 等(2021)创建了Kingdon"三流"模型。Kwiatkowski Grzegorz 等(2020)探讨了治理结构如何从自上而下、国家驱动的模式转变为"第三条道路"。Pedro Brancalion 等(2016)提出了多利益攸关方联盟的社会治理创新模式。

(五)研究热点主题5:社会治理创新的实践路径

一是形成多元组织共治型社会治理创新的格局。肖文涛(2007)指出,需要培育和规范社会组织,提高社会自治能力;需要制定并实施公共服务均等化标准,采取突出社会公正的社会政策;需要建立健全社会控制体系,完善社会管理机制;需要加强社区建设和管理,发展基层民主政治与治理。周庆智(2014)认为,社会治理现代化的关键在于制度的改革和创新。梅长青等(2019)认为,在多元主体共治与乡村全面治理体系的塑造过程中,需要探索多元主体协同参与、培育乡村社会组织、互构群众与社会组织、建构社会组织体系等具体途径。

二是把加强基层党建作为贯穿社会治理的一条红线。钟宪章(2016)提出,始终坚持党在基层社会治理中的领导核心地位,把加强基层党的建设、巩固党的执政基础作为贯穿社会治理和基层建设的一条红线,以基层党的建设创新引领和推动社会治理创新。黄意武等(2017)认为,城市结构的变化迫切需要基层社会治理创新,党建可以引领社会治理创新的发展方向、内容和路径,并与其形成良性互动关系。刘锋(2019)提出,要发挥基层党组织的政治功能和引领作用,以满足加强和创新社会治理的客观需要。孙涛(2018)提出,需通过充分发挥基层党组织的引领作用和社区组织的基础作用,推进基层社会治理现代化。范根平(2020)提出,要坚持把系统治理、综合治理、源头治理、依法治理相结合,从优化公共服务体制、培育社会组织、建立风险预警体系、创新社区治理体系等方面着手,多措并举,打造共建共治共享的社会治理格局。黄晓春(2021)以上海城市社会治理创新的历史进程为例,揭示党建引领的整体制度内涵,认为其蕴含了跨组织协调、为流动社会搭建治理网络、推动治理共同体成长三个维度的制度要素。

三是发挥社会组织对社会治理创新的基础作用。黄增镇(2015)提出,要利用不同地区独特的社会资本,提升社会治理质效。基层社会治理,特别是社区微治理,是社会治理创新的重要载体,具有基础性与复杂性。唐若兰(2015)认为,推进社区治理创新,要以善治理念指导基层社会治理模式重构,实现基层社会自治与政府治理的良性互动。余茜(2016)认为,社会组织在推进社会治理创新方面具有独特的组织地位和资源优势,能够及时应对和适应复杂的动态环境。范和生等(2016)进一步提出,社会组织参与社会治理的路径主要有:承接政府的社会服务项目、参与公共政策的制定与实施、保障弱势群体的合法权益。

国外研究中,比较具有代表性的有:Mann Carsten 等(2021)指出,森林生态系统服务的治理创新需要新的政策、管理和商业方法。Dorthe Hedensted Lund(2018)提出,通过一体化项目应对治理挑战。

三、研究热点主题的变迁历程与特征

(一)研究热点主题的变迁历程

国内"社会治理"这一概念正式出现在中央文件中的时间较晚,但这并不意味着社会治理实践也比较晚。在"社会治理"这一概念正式出现在中央文件中之前,国内主要以"社会管理"的理念和方式在进行实践、研究。因而,对于社会治理创新主题变迁历程的梳理从"社会管理"开始。

第一阶段为2002—2012年。此阶段是社会管理转变为社会治理的初步探索期。2002年,党的十六大报告中首次明确指出社会管理是政府的四项主要职能之一。2004年,党的十六届四中全会上首次提出要"建立健全党委领导、政府负责、社会协同、公众参与的社会管理格局"。2006年,国内对于社会管理的认识开始实现从宏观到微观的转变。

第二阶段为2013—2016年。此阶段是社会管理转变为社会治理的关键期。2013年,党的十八届三中全会指出,创新社会治理,必须着眼于维护最广大人民根本利益,最大限度增加和谐因素,增强社会发展活力,提高社会治理水平,全面推进平安中国建设,维护国家安全,确保人民安居乐业、社会安定有序。这是党的十八届三中全会第一次在党的正式文件中提出"社会治理"的概念,标志着我们党执政理念的新变化。2015年《政府工作报告》指出:加强和创新社会治理。深化社会组织管理制度改革,加快行业协会商会与行政机关脱钩。2016年《政府工作报告》指出:

加强和创新社会治理。做好基层基础工作,推进城乡社区建设,促进基层民主协商。

第三阶段为2017年至今。此阶段的主题是构建基层社会治理新格局。党的十九大报告提出:打造共建共治共享的社会治理格局。加强社会治理制度建设,完善党委领导、政府负责、社会协同、公众参与、法治保障的社会治理体制,提高社会治理社会化、法治化、智能化、专业化水平。加强预防和化解社会矛盾机制建设,正确处理人民内部矛盾。树立安全发展理念,弘扬生命至上、安全第一的思想,健全公共安全体系,完善安全生产责任制,坚决遏制重特大安全事故,提升防灾减灾救灾能力。加快社会治安防控体系建设,依法打击和惩治黄赌毒黑拐骗等违法犯罪活动,保护人民人身权、财产权、人格权。加强社会心理服务体系建设,培育自尊自信、理性平和、积极向上的社会心态。加强社区治理体系建设,推动社会治理重心向基层下移,发挥社会组织作用,实现政府治理和社会调节、居民自治良性互动。《中共中央关于坚持和完善中国特色社会主义制度 推进国家治理体系和治理能力现代化若干重大问题的决定》对坚持和完善共建共治共享的社会治理制度提出了明确要求,为新时代加强和创新社会治理指明了方向。《中共中央关于制定国民经济和社会发展第十四个五年规划和二〇三五年远景目标的建议》提出:发挥群团组织和社会组织在社会治理中的作用,畅通和规范市场主体、新社会阶层、社会工作者和志愿者等参与社会治理的途径。2021年《政府工作报告》指出:加强和创新社会治理。夯实基层社会治理基础,健全城乡社区治理和服务体系,推进市域社会治理现代化试点。

20世纪80年代以来,"多元参与与合作共治"的理念逐渐形成并在西方广泛流行。这一理念主要包括以下要点:第一,突破政府与市场的二元对立或单一主导,重视政府与市场之外的第三部门即社会领域的作用。第二,强调参与式治理,即国家力量与社会力量、公共部门与私人部门以及公民个人等多元主体共同参与社会治理。第三,强调多中心治理和协作式治理,政府、市场、社会三大主体不再是支配与被支配的关系,而是基于共同利益和目标的伙伴式关系,在地位平等的基础上通过协商、合作来解决问题。

20世纪90年代,治理范式和评估研究成为国内外研究的重点问题,这为治理理论体系的形成奠定了基础。到90年代末,英国工党以"第三条道路"为治理理念,以"建设投资型国家"为核心,开始调整政府和社会之间的关系,试图建立新型"合作伙伴"关系,即"合作治理"。在这一理念的指导下,社会治理的效能逐步增强,社会公众的需求逐渐被满足。社会治理创新是改变原来单一的治理主体模式,或者说是改变原来那种独占的、封闭的模式,通过多元主体共同治理的方式,各个主体以解决公共问题为核心,共同参与到社会治理中来。非政府组织(社会组织)在提供公共服务方面的高效率和高绩效满足了公众需求,逐渐成为大都市区社会治理的重要主体。

21世纪是知识经济与大数据的时代,尤其是大数据技术已深度应用于社会治理创新领域。与此同时,在大数据技术的驱动之下,政府决策模式和治理模式不断得到优化。特别是在治理模式方面,整体型政府、回应型政府、开放型政府和合作型政府都逐渐呈现出以下新的发展趋势:第一,从社会治理领域看,大数据技术应用由传统公共服务领域向新兴领域扩展,如美国医疗保健数据库的建设、新加坡智慧公交计划等都是大数据应用于社会治理的著名案例。近年来,世界各国都在努力尝试拓展大数据技术的应用领域。第二,从合作模式看,越来越多的治理主体加入到社会治理创新中来,基本形成"政府+公民+企业+组织+科研机构"的多元治理模式。

(二)研究热点主题的特征

通过对governance、management以及社会治理、治理创新、基层治理、乡村治理等研究热点主题进行文献梳理,发现研究热点主题呈现出以下鲜明特征:

第一,在研究视角上,具有多样性。闫书华(2022)从乡村振兴战略视角,研究乡村社会治理创新。何得桂等(2021)基于积极政府的理论视角,从行动边界、行动特征、与其他治理主体的关系、行动目标四个方面对公共部门在基层社会治理中的角色定位展开探讨。徐晓芳等(2021)从网络舆情视角出发,探析社会治理创新路径。张红彬等(2018)分析了共享经济视角下的社会治理新格局及其创新路径。李储学(2016)立足于法治视角,探讨社会治理机制创新的四个维度。郑志来(2016)基于大数据视角,研究社会治理模式创新。姚大志(2016)从"善治"视角透视社会治理创新。Mani Ram Banjade等(2005)以尼泊尔中部丘陵地区的一个社区森林用户群体为例,探讨了地方层面如何运用协商方式治理环境。

第二,在研究领域上,比较关注网络治理与生态治理。王凤翔等(2018)指出,网络治理从网上信息管理向规范网络行为转变是"与时偕行"。马捷等(2014)认为,国内的区域水资源共享冲突治理需要借鉴西方的网络治理模式,建立一种兼具领导型网络与行政型网络的复杂治理结构,以提高治理创新能力。Wong Wilson等(2020)以香港和深圳为比较案例,指出数字治理是一种重要的制度适应和社会发展工具。Dhruba Lal Pandey等(2019)发现,社会治理创新与电子治理实践之间存在着积极和重要的关系。李昂等(2016)提出,构建"城市治理生态"是实现治理现代化的可行路径,并以苏州纳米产业发展和区域治理的实践为例,认为多元治理主体的参与,能够实现不同主体之间正向外部性的聚合和放大,提升治理的动态开放性。李宁(2020)从城乡融合的时代背景出发,认为乡村生态治理与城乡融合具有高度耦合性,前者是推动城乡融合的助推器,后者为乡村生态治理提供了时代契机。Xingxing Zhang等(2020)认为,景观综合生态处理系统能够去除海洋船舶污水和减少污泥量。María Mar Delgado-Serrano等(2020)指出,用户的社会经济属性、有限的集体行动以及传统和商业农民之间的权利差异等内部驱动因素,对水资源可持续治理至关重要。

第三,在研究方法上,以案例分析为主。从目前国内外已有的研究来看,多数研究注重于实证研究与规范研究之间的协同以及多学科的交叉融合,并尽可能采用案例研究的方法对社会治理创新的实践探索进行描述性研究,以求构建一般性的解释理论。周亚越等(2020)以"村情通"的扩散为例,分析了基层社会治理创新的扩散逻辑。沈承诚等(2020)基于对J市X镇的分析,探讨了"网格化+网络化"的复合模式下经济发达镇的社会治理创新。刘开君等(2019)以"枫桥经验"为案例,分析了再组织化与基层社会治理创新之间的关系。

第四节　小结

　　社会治理创新是内嵌和根植于特定的社会环境和背景的。推进社会治理创新,是对社会治理理念、体制、结构和技术等的变革和重塑。社会治理创新实质上是对政府和社会关系的再调整。近年来,社会治理创新研究逐渐成为学界研究的热点,尤其是社会治理创新的价值与功能、动因与逻辑、结构与模式、目标与路径等成为学界研究的主要内容,研究成果丰硕。一方面,从实践导向来看,社会治理创新研究与社会治理创新实践是非常紧密的。全球社会治理的现实需要与实践经验,催生了社会治理创新研究的繁荣景象。全球社会急速转型所显现的社会问题与社会矛盾,亟须通过社会治理创新来予以回应和解决;而社会治理领域中的实践经验,则为社会治理创新研究提供了丰富的实践资源。另一方面,从理论导向来看,学界正逐步形成和建立起关于"全球治理"的话语体系,这些研究影响和确立了社会治理创新的基调和主题。总体上,国内外学界关于社会治理创新的研究视角、研究领域呈现出多元化特征,在研究方法上以案例分析为主。

第七章

国内外社会组织改革研究

党的二十大报告提出,"完善协商民主体系,统筹推进政党协商、人大协商、政府协商、政协协商、人民团体协商、基层协商以及社会组织协商""引导、支持有意愿有能力的企业、社会组织和个人积极参与公益慈善事业""加强新经济组织、新社会组织、新就业群体党的建设"。社会组织是公共管理的重要主体之一,在提供社会服务、构造国家与社会关系方面具有重要作用。社会组织作为以达到特定目标而建立起来的共同活动集体,具有清楚的界限、明确的目标,是内部进行明确分工的正式关系结构。其大致可以分为两类:一类是在民政部门登记的所谓合法"社会组织",又分为社会团体、民办非企业、基金会等;另一类则是"草根组织",其大部分没有在政府部门登记,数量日益增长但难以统计。[1]

国外社会组织的发展大致经历了三个阶段。一是萌芽阶段。随着社会的分化、新阶层的产生,新生的资产阶级和自由产业工人队伍逐渐形成,资产阶级新贵族寻求独立自主的经济自由和个人自主空间,一批事业成功的工厂主或企业家出于博爱目的纷纷成立慈善组织。二是发展阶段。社会组织规模较大,对解决社会问题起到了一定作用,但总体上仍处于自生自发状态。三是繁荣阶段。第二次世界大战结束以后,世界经济迅速发展,出现了许多至今仍有深远影响的社会组织。

第一节 数据来源

在 SSCI 中,以"主题=social organizations OR ngos or non-governmental organizations OR non-profit organizations OR voluntary organization OR the third sector AND reform",限定文献类型为 article、review、proceedings paper 进行检索,人工剔除无效信息后,共获得481篇文献。以中国知网为平台,采取高级检索方法,文献来源为期刊,以"主题=社会组织改革"进行检索,人工剔除无效信息后,共获得224篇文献。检索日期为2019年11月21日。

---

[1] 纪莺莺.当代中国的社会组织:理论视角与经验研究.社会学研究,2013(05):219-241.

第二节 研究的基本状况

一、年代分布

SSCI中社会组织改革研究文献数量虽然有一定的波动,但总体上呈上升趋势,并于2014年达到峰值。CNKI中关于社会组织改革研究的文献出现得相对较晚,2011年前,相关研究文献数量增长趋势平缓;2011年起,相关研究文献数量增长迅速,于2014年达到峰值;随后,相关研究文献数量开始回落。(见图7-1)

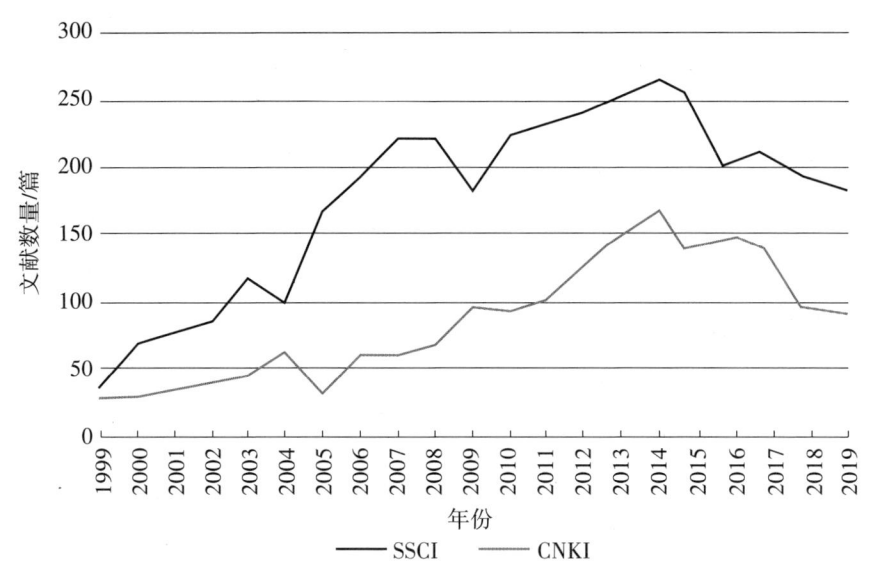

图7-1 SSCI和CNKI中社会组织改革研究文献量的年代分布

二、优势国家(地区)/机构与核心作者

SSCI中社会组织改革研究文献发文量排名靠前的国家(地区)见表7-1。可以看出,该领域研究实力最强的国家(地区)是美国,英格兰次之。中国的研究实力也较强,是发文量排名前五位的国家(地区)中唯一一个发展中国家。

表7-1 社会组织改革研究文献发文量排名靠前的国家(地区)

排序	国家	发文量/篇
1	美国	145
2	英格兰	89
3	加拿大	37
4	中国	36
5	澳大利亚	28
6	荷兰	16
7	德国	15
8	瑞典	14
9	苏格兰	13
10	南非	12

社会组织改革研究文献发文量排名靠前的机构见表7-2。国外机构中,在公共管理领域表现优异的伦敦大学位列第一位,伦敦政治经济学院、哈佛大学分别位列第二位和第三位。值得一提的是,在社会组织改革研究领域,香港城市大学位列第五位。在CNKI中,民政部居榜首。其下属机构民间组织管理局、社会组织管理局分别位列第二位和第三位。除此之外,不少高校的发文量也位居前列,如首都师范大学、清华大学分列第四位与第五位。

表7-2 SSCI和CNKI中社会组织改革研究文献发文量排名前五位的机构

排序	SSCI		CNKI	
	机构	发文量/篇	机构	发文量/篇
1	University of London	32	民政部	13
2	The London School of Economics and Political Science	12	民政部民间组织管理局	9
3	Harvard University	11	民政部社会组织管理局	6
4	University of California System	10	首都师范大学	5
5	City vniversity of Hong Kong	7	清华大学	4

SSCI中单个作者的最大发文量仅为4篇,分别是来自南加州理工大学的TANG SY和香港理工大学的LO CWH。他们的研究内容都是中国社

会组织的相关情况,特别是 LO CWH 集中研究了中国广东省的相关情况。CNKI 中相关文献的主要研究内容是如何改革社会组织管理制度,促进社会组织健康有序地发展。

三、学科和期刊来源

社会组织改革研究文献在 SSCI 中主要分布在区域研究学、管理学、公共管理学、发展研究学等领域(见表 7-3),文献占一半以上。在 CNKI 中,社会组织改革研究文献主要集中在公共管理学领域,文献占比高达 73.210%。由此可见,国内外社会组织改革研究文献的学科分布有一定差异。

表 7-3 SSCI 和 CNKI 中社会组织改革研究学科分布

排序	SSCI	CNKI
1	Area Studies	公共管理学
2	Management	政治学
3	Public Administration	体育学
4	Development Studies	社会学
5	Public Environmental Occupational Health	法学

从期刊分布来看,社会组织改革研究文献分布较零散。SSCI 中 481 篇文献分布于 280 种期刊上,载文量最大的期刊是 *Voluntas*,占比仅为 2.911%,管理学、社会学以及医学健康类期刊较多。CNKI 中的情况亦是如此,载文量最大的期刊《中国民政》仅有 18 篇相关文章,占比不到 1%,公共管理学、政治学类期刊较多。

表 7-4 SSCI 和 CNKI 中社会组织改革研究文献发文量排名前五位的期刊

排序	SSCI	CNKI
1	*Voluntas*	《中国民政》
2	*Social Science Medicine*	《学会》
3	*Health Policy and Planning*	《才智》
4	*Social Policy Administration*	《领导决策信息》
5	*Reproductive Health Matters*	《妇女研究论丛》

第三节 研究热点主题的知识图谱解析

一、研究热点主题的识别

运用CiteSpace软件对SSCI中社会组织改革研究的高频关键词进行分析,频率设定为大于5。学界比较关注中国和非洲的社会组织改革,NGOs reform、politics、governance、management、accountability是颇受关注的研究主题。除此以外,performance、collective action、care、health care等研究热点主题也受到了研究者的关注。(见表7-5和图7-2)

表7-5 国外社会组织改革研究高频关键词

序号	关键词	频次	序号	关键词	频次
1	NGOs reform	77	11	society	21
2	politics	60	12	organizations	20
3	governance	58	13	power	18
4	management	48	14	neoliberalism	17
5	accountability	37	15	decentralization	16
6	performance	35	16	africa	16
7	collective action	31	17	democracy	15
8	care	27	18	participation	15
9	health care	26	19	city	14
10	civil-society	22	20	services	13

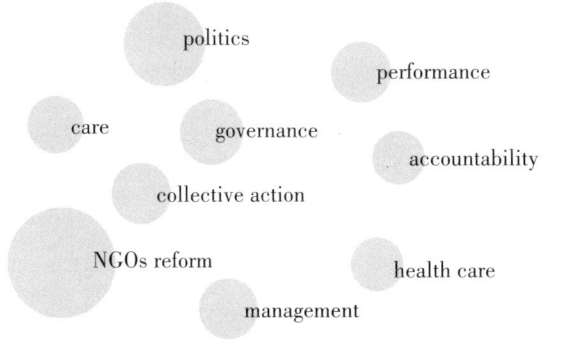

图7-2 国外社会组织改革研究高频关键词图谱

运用CiteSpace软件对CNKI中社会组织改革研究的高频关键词进行分析，最终呈现词频大于5的关键词。CNKI文献中的高频关键词都与中国国情紧密相关，如社会组织、改革、公共服务、社会管理、政社关系、体育改革等(见图7-3)。这些高频关键词也体现了国内社会组织改革的重点内容和方向。

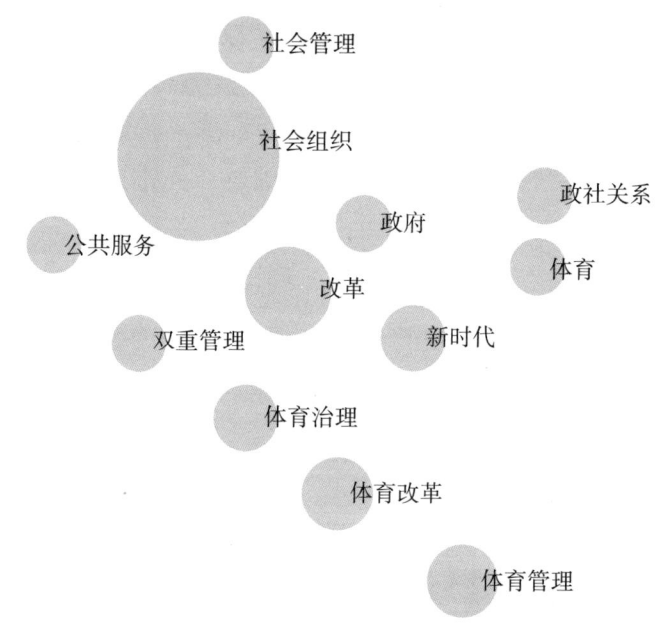

图7-3 国内社会组织改革研究高频关键词图谱

CiteSpace软件根据一定的算法，对相关文献的关键词、标题和摘要进行聚类。图7-4显示出国内社会组织改革研究的热点主题。国内社会组织改革研究热点主题有社会组织、体育改革、政府、强社会、元治理等。

图7-4　国内社会组织改革研究主题聚类图

二、主要研究热点主题的综述

中国社会组织改革一直是学界关注的重点领域,改革中所涉及的社会组织治理、管理、服务等方面均值得研究,而国外社会组织改革更多地聚焦于对社会服务的不断改进。以 Web of Science 核心数据库和中国知网为平台,运用 CiteSpace 软件对国内外社会组织改革研究的高频关键词进行分析,发现 governance、management、politics 以及新时代、双重管理、社团登记、管理成效等是当前学界主要的研究热点主题。结合对具体研究文献内容的梳理、总结,发现目前学界对社会组织改革的研究主要围绕社会组织的概念界定及辨析、社会组织管理制度的改革研究、社会组织改革的机遇、社会组织改革的难点研究、社会组织改革的路径研究等方面展开。

(一)研究热点主题1:社会组织的概念界定及辨析

由于各国在文化传统和语言习惯方面存在着不同,社会组织在不同的国家和地区有多种不同的称谓,比如:非政府组织、第三部门、独立部门、慈善组织、免税组织、民间团体等。总体上,可将其理解为:在社会建设与发展过程中,通过自愿的机制,在国家法律、制度框架内,不以营利为目的,致力于社会公共事业管理、服务的民间组织(李坤轩、马玉丽,2021)。

一是"非政府组织"概念界定。孙海泳(2021)指出,非政府组织作为非国家行为体的重要代表,是指独立于政府运营的组织,尽管其可能从政府机构接受资助,但具体运作不受政府监督,亦非政府代表。白建才等(2019)指出,非政府组织又称非营利组织、非营利部门、非政府部门等,是当今世界各国乃至国际社会最重要的构成之一,被学界称为介于政府和市场之间的"第三部门",对各国及国际局势的发展产生了极为重要的影响。

二是"第三部门"概念界定。曾柏森(2021)认为,第三部门特指介于政府部门与营利性部门之间,依靠会员缴纳的会费、民间捐款或政府救济拨款等非营利性收入,从事前两者无力、无法或无意作为的社会公益事业,以服务社会公众、促进社会稳定与发展为宗旨的社会公共部门。进一步地,吴一鸣等(2020)指出,第三部门以公共、使命为价值追求,以融合、互补为愿景目标,以集约、共生为内在本质,其功能定位主要是协调各方关系、优化资源配置、维护公共利益、分担政府职能。

国外学者对社会组织的概念界定基本形成共识,即社会组织要具有一定的规范:要合法注册,要有章程、制度,具备非政府性和非营利性以及自治性和自愿性等特征。Wofinden(1990)认为,定义社会组织需要注意四点:一是有服务大众的宗旨。二是有不以营利为目的组织机构。三是本身具有合法的免税地位。四是具有可提供捐赠人减免税的合法地位。Jana(2020)指出,第三部门是具有正式结构的组织,属于非国家性质;不以营利为目的,是独立的;在自治基础上运作,是自愿的。Joan Roelofs(2015)指出,许多私营基金会在美国对外政策的实施中发挥了重要的作用。

(二)研究热点主题2：社会组织管理制度的改革研究

国内社会组织管理制度的改革研究主要分为四个方面：

一是不断完善顶层设计，促进社会组织健康有序发展。孔金平等(2017)指出，加强社会组织顶层制度设计，要继续以"推进国家治理体系和治理能力现代化"战略总目标为核心，构建社会组织现代化治理的制度架构，目前已经初步形成了"党委领导、政府负责、社会协同、公众参与"的社会管理格局。任海等(2018)认为，针对体育组织改革困境，应着眼于体育发展内在的逻辑关系，突破条块分割、分而治之的传统做法，完成整体的、跨界整合的顶层设计，从而全面深化改革，使体育进入整体推进、联动发展的新阶段。

二是不断加强党建工作，引领社会组织向正确的方向发展。李健等(2017)认为，社会组织党建不仅是党自上而下的外部嵌入过程，而且是社会组织的主动选择，如社会组织主动通过认知、业务和人员进行"反向"政治嵌入，提升了社会组织能力建设水平。褚松燕(2020)提出，社会组织党建作为社会组织发展的重要内容，在政策的柔性引导和刚性约束中不断得到充实，使社会组织在加强内部治理规范化和外部支持稳定化的实践中不断增强资源获得、政策参与、社会认同等方面的能力。吴丹等(2021)认为，加强社会组织党建工作有利于解决社会组织持续发展问题，中心性和强关系的建构是党建引领社会工作服务的关键。开展党建可以重构社会工作服务机构与服务对象的关系，形成良性循环的社会组织服务机制。

三是不断深化登记管理改革，激发社会组织活力。任彬彬(2020)指出，社会组织登记管理制度改革是现代社会组织管理体制建设的重要内容。社会组织登记管理制度改革旨在降低社会组织准入门槛，拓展社会组织公共活动空间，推动社会组织增量与存量的发展，激发社会组织活力，加快形成现代社会组织管理体制。张玉强(2017)指出，社会组织的管理应围绕登记、服务和监管三个层面重新进行定位，并努力实现三层管理的协同互动，构建"三层协同"的新型社会组织登记管理体制。

四是逐步完善扶持政策，保障社会组织良性发展。葛道顺(2021)指出，国内社会组织治理存在法律文本缺失问题，因而完善法律文本是不可或缺的第一步,需要建构规制社会组织"失信"的全约束机制,包括"四律"机制、问责体系以及政策建构。赵小平(2021)指出,应按照社会组织的行为类型进行分类管理,视具体情形采用支持、监管、控制和转化等政策手段,逐步建立优胜劣汰的选择机制。

国外研究中,比较具有代表性的有:Peter Drucker是最早倡导非营利组织职业化管理的学者。非营利组织与企业一样实施目标管理:筹资方面要进行观念和手段的创新,通过公众购买特殊社会服务而非募捐的传统方式来筹资。应从国家与社会关系的角度开展研究,政府、社会组织如何分工合作、互惠互赢,分清各自应该承担的责任等是国外社会组织改革内容的研究热点。Mumtaz Muhammad(2021)认为,民间组织是各阶层沟通协调的桥梁。

(三)研究热点主题3:社会组织改革的机遇

一是从环境视角来看。严振书(2010)指出,我国加入WTO后与世界经济迅速接轨,国际交往日益增多,国内社会组织获得了发展机遇和空间。孙志祥(2015)具体分析了社会组织"走出去"面临的机遇。中国综合国力和国际影响力的提升,为中国社会组织的发展创造了一个广阔的空间;公共外交和民间外交的作用日益突出,同时国家也越来越重视社会组织,有意识地在建立社会组织参与国际援助的机制。总的来看,社会组织参与社会援助的积极性在提高,活跃程度在提升。

二是从需求视角来看。汪文奇等(2018)指出,人们对体育的需求在从"冷漠"状态转向主动追求,对体育日益增长的多样需求与政府供给形成结构性矛盾,而这恰恰为体育社会组织的生长提供了发展机遇。马庆钰(2015)认为,政府简政放权和职能转变带来了社会组织发展需求。公共财政将逐步成为社会组织发展的重要资金来源。

国外研究中,比较具有代表性的有:Weisbrod(1986)、Hansmann(1987)指出,由于政府和市场无法完全满足人们多元化的公共物品和公共服务需求,即出现政府失灵和市场失灵,这为社会组织的存在与发展提供了发展机遇。Salamon等(1998)认为,不同的国家制度环境塑造了不同的社会组织发展模式。Aspinwall Mark(2021)进一步揭示了社会组织如何利用其技能和经验,将社区与环评进程联系起来,充分发挥自身对绿色和蓝色基础设施的促进作用。Marjaana Jones 等(2020)提出,非营利组织可以通过不同的方式对经验知识进行解读和交流。

(四)研究热点主题4:社会组织改革的难点研究

社会组织改革存在着不少难点。

一是对社会组织缺乏应有的认识。廖鸿(2015)提出,有的领导和部门对社会组织的认识存在"三不""四少",即不重视、不信任、不放手,过问少、调查少、研究少、服务少。同时,社会公众对社会组织的认知度也不高。陈剑(2013)认为,对社会组织认识的不足与改革开放前长期存在的"政府办企业、企业办社会"以及目前政府仍包办过多社会事务有关,也与相关知识的传播和新闻宣传力度不够有关。

二是法律法规体系还不完善。廖鸿(2015)提出,法律法规体系不完善主要表现在立法层次低、内容不完善、政策不配套等方面。李强(2015)认为,要加强社会组织立法,改革社会组织管理制度,鼓励和支持社会力量参与社会治理、公共服务。

三是管理体制不健全。汪华(2015)提出,现行社会组织的相关法律制度主要是限制约束的规定,缺少促进激励性的制度,社会组织的设立条件过于严格。李政(2016)指出,社会组织管理体制不健全,门槛过高,一些社会组织因找不到主管单位难以进行合法登记;政社不分也助长了不规范行为;多头管理使得监管职责难以落实。

四是管理力量不足。李友梅(2016)指出,全国民间组织管理系统仅有3600人。

五是社会组织能力有待提高。戚锡生(2013)指出,多数社会组织规模较小,专业人才不足,承接政府转移职能和提供公共服务的能力还有待提高。同时,廖鸿(2015)提出,部分社会组织内部治理不完善;部分社会组织政社不分,独立性不强,对政府部门依赖性强;有的社会组织财务管理不规范。

国外研究中,比较具有代表性的有:Jessica等(2022)认为,社会组织改革面临着筹资主体、资金来源、融资工具日益多样化和筹资关系日益复杂化的问题。Onuh Paul Ani等(2021)指出,社会组织在选举方面受到资金匮乏、不安全、行政瓶颈以及对敏感选举材料的监测渠道有限等因素的影响。Mumtaz Muhammad(2021)确定了民间社会组织面临的主要挑战:地方和国际组织之间的联系和合作薄弱,财政资源有限,地方组织能力薄弱。Christos Bagavos等(2021)认为,民间组织在劳动力市场一体化中发挥的作用相对有限。

(五)研究热点主题5:社会组织改革的路径研究

近年来,社会组织改革的路径研究主要围绕四个方面进行:

一是加大对社会资本的培育。从政社协同的角度来看,目前公益性、倡导性社会组织较少,而这与日益严峻的社会治理形势不相适应。李政(2016)指出,要大力培育社会组织,坚持信息公开,以公开为原则、不公开为例外,制定和完善各类社会组织,尤其是要制定慈善组织的信息公开办法,建立统一的信息公开平台。马庆钰等(2015)提出,社会组织发展离不开政府的主导作用,应立足于实际创新发展社会组织,多方协同推进社会组织全局发展的优良体系。吕瞾琼(2017)指出,社区社会组织的社会资本培育以加强社工机构能力建设、完善志愿者服务机制、健全法律法规为主。

二是社会组织改革更加重视顶层设计和制度设置。胡佳(2016)指出,在现代社会组织体制改革中,应该注重完善社会组织管理体制。李健(2016)认为,要着眼于明晰产权,以此调动社会组织参与社会建设的积极性,切实解决社会组织激励不足、约束不够、效率不高、责任不清等问题。

三是要建立社会组织和党政部门的合作机制,加强党建发挥的引领作用。王名(2014)建议,各级党委、政府应将加强和改进社会组织管理工作列入重要议事日程,纳入绩效考核内容,定期听取工作汇报,完善研究决策制度,切实加强对社会组织发展工作的领导。卢艳齐(2020)认为,社会组织党建是基层党建的重要组成部分,新时代对社会组织党建提出了新要求。坚持以"党的全面领导"为基本纲领,充分运用社会组织协商机制,通过构筑"党社双强"的关系模式,稳步提升组织的服务能力,并最终实现社会组织党建的进阶目标。随着服务能力不断增强,"治理社会"成为社会组织新时代党建的发展新趋向。

四是要创新监管,提高社会组织的规范化水平。朱志梅(2014)指出,柔性执法对于社会组织监管的价值主要包括五个方面:成为刚性执法的有益补充,提升行政正当性,提高行政效率,实现行政民主,减少行政纠纷。柔性执法在社会组织管理中的作用形式主要包括行政提示、行政约谈、行政告诫、合作式行政执法、行政指导。李桂平等(2018)指出,国内传统的"行政控制"管理模式,在设定政府与社会组织的关系时,往往过于强调二者的对立面,影响了社会组织的功能发挥。应采用"嵌入型监管"方式对社会组织管理模式进行创新,使国家与社会组织的关系转化为某种合作性关系,共同参与社会治理,不断提升国家治理体系和治理能力的现代化水平。陈岳堂(2019)以社会组织监管为研究对象,探求"智能+社会组织监管"运作机制及其特征(体现为社会组织登记管理的"灵活性"与"开放性"、过程监督的"全方位"与"透明性"、评估工作的"便捷性"与"科学性")。

国外研究中,比较具有代表性的有:Lester Salamon(2002)对法国、美国、日本、荷兰、阿根廷等22个国家的非营利组织进行了对比分析,认为非营利部门的主要活动领域是在福利服务方面,其资金来源是会费和政府,政府的财政支持是非营利组织成长的关键因素。Alnoor Ebrahim(2003)分析了实践当中非政府组织存在的五种责任机制:报告和公开声明,绩效评估,政策参与,自我规制和社会审计。Cotler Helena等(2022)的研究结果表明,民间社会组织通过形成联盟,加强了利益攸关方之间的合作。

三、研究热点主题的变迁历程与特征

(一)研究热点主题的变迁历程

国内社会组织的发展历史源远流长。改革开放以来,随着经济体制改革的持续深入推进,社会组织改革也在逐步推进。

第一阶段为1978—2011年。1978年改革开放后,政府的工作重心由政治建设向经济建设转变。同时,改革开放为社会组织的恢复与发展提供了新的契机和动力,社会组织的数量和规模在中国经济体制转变之后迅速增长,与之相关的管理条例、办法等相继出台。1998年施行的《社会团体登记管理条例》《民办非企业单位登记管理暂行条例》《事业单位登记管理暂行条例》,为社会组织的规范发展提供了政策依据。自此之后,社会组织开始向规模化和稳定化发展。同时,基金会成为社会组织中的一个独立类型,从社会团体中独立出来。在国内,"社会组织"这个概念最早于2006年出现在中央文件中。《中共中央关于构建社会主义和谐社会若干重大问题的决定》提出:健全社会组织,增强服务社会功能。坚持培育发展和管理监督并重,完善培育扶持和依法管理社会组织的政策,发挥各类社会组织提供服务、反映诉求、规范行为的作用。2007年,党的十七大报告肯定了社会组织在社会主义民主政治建设中的积极作用,为社会组织的发展提供了政治保证。

第二阶段为2012—2017年。2012年,党的十八大报告提出:加快形成政社分开、权责明确、依法自治的现代社会组织体制。2013年,《国务院机构改革和职能转变方案》提出:改革社会组织管理制度。党的十八届三中全会第一次提出国家治理体系和治理能力现代化的重大命题。2014年,中华人民共和国第十二届全国人民代表大会常务委员会第八次会议修订《中华人民共和国环境保护法》,使社会组织公益诉讼实践有了法律支持。2015年,《关于加强社会组织党的建设工作的意见(试行)》提出了加强社会组织党建工作的重要意义和总体要求。2016年,《关于改革社会组织管理制度促进社会组织健康有序发展的意见》提出:大力培育发展社区社会组织、完善扶持社会组织发展政策措施、依法做好社会组织登记审查。2017年,党的十九大报告提出:打造共建共治共享的社会治理格局。加强社会治理制度建设,完善党委领导、政府负责、社会协同、公众参与、法治保障的社会治理体制,提高社会治理社会化、法治化、智能化、专业化水平。

第三阶段为2018年至今。2018年,《中共中央关于深化党和国家机构改革的决定》提出:推进社会组织改革。按照共建共治共享要求,完善党委领导、政府负责、社会协同、公众参与、法治保障的社会治理体制。加快实施政社分开,激发社会组织活力,克服社会组织行政化倾向。适合由社会组织提供的公共服务和解决的事项,由社会组织依法提供和管理。依法加强对各类社会组织的监管,推动社会组织规范自律,实现政府治理和社会调节、居民自治良性互动。2019年,《中共中央关于坚持和完善中国特色社会主义制度 推进国家治理体系和治理能力现代化若干重大问题的决定》再次强调社会组织协商,发挥群团组织、社会组织作用,发挥行业协会商会自律功能。为做好中央财政支持社会组织参与社会服务项目管理工作,规范项目评审及运作,加强资金监管,提高项目效益,2020年,民政部办公厅印发《2020年中央财政支持社会组织参与社会服务项目实施方案》;2021年,民政部部务会议通过《社会组织登记管理机关行政处罚程序规定》。

国外社会组织历史悠久、数量巨大、种类繁多,与社会民主、宗教传统、公益慈善等联系紧密。17世纪,欧洲主要资本主义国家陆续出现了带有政治色彩的社会团体,以及从事慈善救济等社会事业的中介组织。20世纪初期,西方国家纷纷将社会保障纳入政府职责范围内。这一度使社会组织在公共事业,尤其是社会保障事业中的活动空间被压缩。尽管如此,社会组织在某些领域也发挥了一定的作用。20世纪70年代开始,各种社团、草根组织纷纷创立、发展迅速。这些组织的建立和发展,表达的是社会的诉求和声音,反映的是社会力量的发展和成果,对于推动社会进步和民主发展具有重要的意义和作用。20世纪80年代以来,欧美诸多类型的社会组织得到了快速发展,社会组织不但种类和数量繁多,而且在各个领域和不同层面发挥着不可忽视的重要作用。

21世纪,社会组织已经发展成为成熟社会的一种重要的组织形式,也成为社区建设和社会工作中不可或缺的重要组成部分。哪个国家的社会组织发展得早一些、好一些,说明这个国家的社区和社会工作发展得快一些,整个国家的发展程度也就高一些。政府通过直接补助、减免税费、购买服务等方式对社会组织进行扶持,而社会组织提供了大量政府做不到、做不好或不便做的社会服务。

(二)研究热点主题的特征

通过对governance、management、politics以及新时代、双重管理、社团登记、管理成效等主要研究热点主题进行文献梳理,发现研究热点主题呈现出以下鲜明特征:

第一,在研究领域上,主要是集中于体育行业社会组织的研究。2016年,《中华人民共和国国民经济和社会发展第十三个五年规划纲要》提出:推进健康中国建设。王春顺等(2021)认为,加强体育社会组织治理是推进国家体育治理体系和治理能力现代化的重要内容。陈丛刊(2021)从"国家—社会"关系视角出发,构建了中国体育社会组织改革的三个维度。傅振磊(2020)回顾了近年来体育社会组织的调研座谈、工作会议和学术研究成果,探索中国体育社会组织发展改革问题。Pieters等(2012)建议扩大体育组织规模,提升体育组织绩效,解决体育赞助等方面的问题。Emmanuel Bayle等(2007)提出了国家体育管理机构绩效分析框架。

第二,在研究内容上,主要是关于政府向社会组织购买公共服务的研究。政府购买公共服务是近年来我国政府转变职能、加强社会治理创新的重要着力点。汪圣(2021)指出,政府购买公共文化服务公共性的流失与购买主体的责任卸载与权力异化、承接主体的趋利性与能力堕距、消费主体的集体失语等关联密切,因而政府购买公共文化服务的公共性需要通过三元主体的共同努力来重塑。关爽(2021)认为,中国政府购买社会组织服务制度塑造了国家与社会组织新的合作形式,直接推动了公共服务提供进程,增强了国家与社会组织的紧密关系,并且在政社合作关系的成长、社会组织发展环境的改善以及社会组织专业性的增强等方面产生了积极影响。Bernstein(2001)发现,以结果为导向的地方政府绩效评估对于促进外包项目绩效具有重要作用。

第三,在研究方法上,基本以综合、实证研究范式为主。我国的社会组织改革研究,逐渐从一开始的学习西方先进社会组织改革经验转向现在的针对国情的研究。党的十八大是一个重要的转折点,此后中国社会组织的定义、特征逐渐明晰,学者开始从中国国情出发研究社会组织,研究范式也逐渐从理论转向实证研究。周婷婷等(2021)立足于上市公司公益基金会的运作质量和运作效率双重维度,通过对上市公司公益基金会进行实证研究,实证探讨基金会党组织建设对基金会慈善事业的影响效应及其情境依赖性。杨先情等(2021)研究发现,环保社会组织在参与民族地区社会治理时,形成了以"专业性"嵌入政府与以"对话性"嵌入社区的双向互动逻辑。严志兰等(2021)通过田野调查和个案研究,对社会组织参与递送社会养老服务的作用进行了解析。Samnuzulsari等(2021)分析了民间社会组织在应对气候变化方面的战略作用。Wang Senhu等(2021)发现,在英国,社会组织因能促进种族间友谊和加强社区凝聚力而广受赞誉。

第四节 小结

社会组织作为公共管理的重要主体之一,是多元治理主体的必要组成部分,越来越多地受到国内外学界的关注。在政府购买社会组织服务的实践中,存在着诸多困境,因而政府和社会组织之间的协商显得尤为重要。"政社合作"概念的提出,代表着政府与社会之间的联系越来越紧密,社会组织要以回应公众的需求来更好地促进政府的发展。在未来的研究中,仍然需要注重不同类型社会组织的比较研究、实证研究。

第八章

国内人民
获得感研究

"获得感"是一个本土性非常强的"中国概念",不能将其简单等同于国外研究中的幸福感、主观生活质量等概念,而是必须将其放在国内全面深化改革、转变经济社会发展模式、实现共享发展的时代背景下来理解。[①]获得感是准确把握中国特色社会主义新时代主要矛盾的新颖(概念)工具,更是国家治理的良政基准和善治标尺。[②]党的二十大报告指出:人民群众获得感、幸福感、安全感更加充实、更有保障、更可持续,共同富裕取得新成效。从政府视角看,增强人民群众的获得感是政府追求的目标之一,是共享发展理念的最终落脚点,不断提升群众获得感是政府的职责所在;从群众视角看,获得感是人民群众美好生活的题中之义,获得感是衡量政府工作成效和干群关系的晴雨表和试金石。因此,人民获得感成为国内公共管理学界高度关注的研究主题。

第一节 数据来源

以中国知网为平台,采取高级检索方法,文献来源为期刊,以"主题=人民 OR 主题=居民 OR 主题=公民 AND 主题=获得感"进行检索,人工剔除无效信息后,共获得797篇文献。检索日期为2019年11月18日。

[①] 曹现强.获得感的时代内涵与国外经验借鉴.学术前沿,2017(02):18-28.
[②] 王浦劬,季程远.新时代国家治理的良政基准与善治标尺——人民获得感的意蕴和量度.中国行政管理,2018(01):6-12.

第二节　研究的基本状况

一、年代分布

通过梳理文献,可知近年来人民获得感研究文献数量总体上呈上升趋势,从2015年的42篇迅速上升到2018年的254篇,见图8-1。其中,87.8%的文献类型是期刊,11.2%的文献类型是硕博论文。可以看出,人民获得感得到了各个研究层面不同程度的关注。

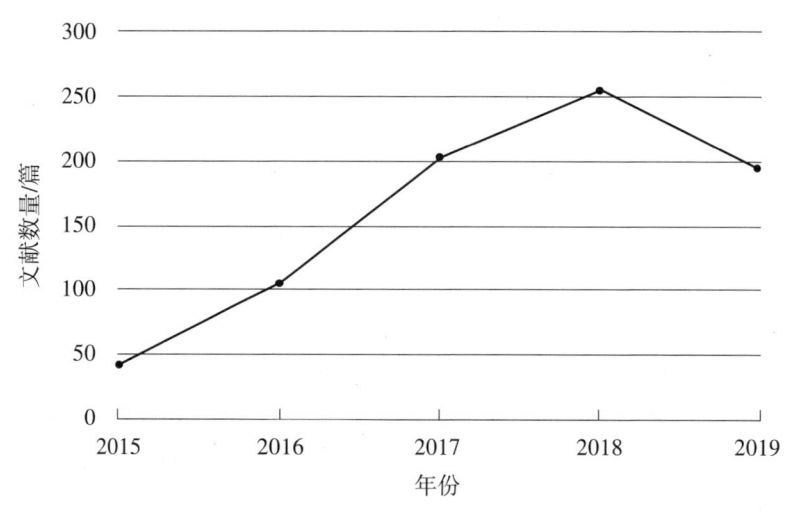

图8-1　CNKI中人民获得感研究文献量的年代分布

二、核心作者与机构分布

人民获得感研究文献发文量较高的作者见表8-1。发文量最高的作者是来自中共浙江省委党校的董瑛,其次是来自福建江夏学院的邵雅利和来自华东师范大学的齐卫平。

表8-1 人民获得感研究文献发文量较高的作者

作者	发文量/篇	单位
董瑛	6	中共浙江省委党校
邵雅利	4	福建江夏学院
齐卫平	4	华东师范大学
袁绍阳	3	当代贵州杂志社
许新晓	3	黔西南日报社

人民获得感研究文献发文量较高的机构除了高校，还包括杂志社、通讯社，见表8-2。郑州大学的发文量最高，共计10篇，其中9篇都是硕博论文，只有1篇是期刊论文。

表8-2 人民获得感研究文献发文量较高的机构

排序	发文机构	发文量/篇
1	郑州大学	10
2	当代贵州杂志社	9
3	新华通讯社	8
4	中共中央党校	7
5	中国人民大学	6

三、学科和期刊来源

人民获得感研究文献中近35%的文献（350篇）来自政治学领域，公共管理学、社会学、公共卫生与预防医学等领域也是人民获得感研究文献的主要分布领域，见表8-3。

表8-3 人民获得感研究文献主要学科分布前十位

排序	学科
1	政治学
2	公共管理学
3	社会学
4	公共卫生与预防医学

续表

排序	学科
5	农业经济学
6	国民经济学
7	法学
8	教育学
9	保险学
10	城市经济学

表8-4　人民获得感研究文献发文量排名前五位的期刊

排序	期刊	发文量/篇
1	《当代贵州》	17
2	《东北师范大学科学集刊》	16
3	《学校党建与思想教育》	15
4	《中国纪检监察》	14
5	《思想教育研究》	13

第三节　研究热点主题的知识图谱解析

一、研究热点主题的识别

运用CiteSpace软件对CNKI中人民获得感研究的高频关键词进行分析，阈值设定为10，频率设定为大于5。图8-2中，频率最高的关键词为获得感，其他高频关键词还有新时代、幸福感、安全感、社会心态、人民群众、精准扶贫等。

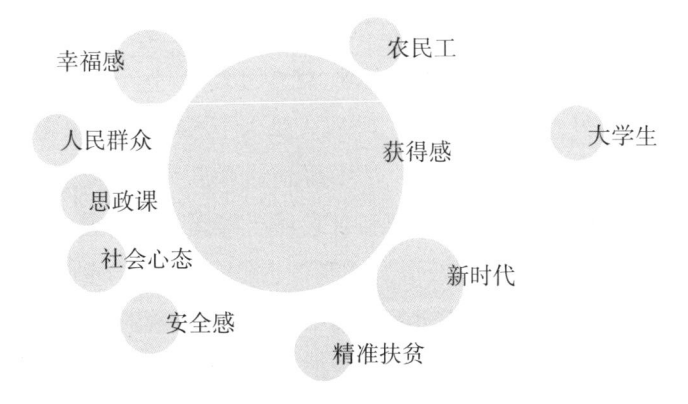

图8-2 人民获得感研究高频关键词图谱

二、主要研究热点主题的综述

结合对具体研究文献内容的梳理、总结,发现国内学界对人民获得感的研究主要围绕获得感的概念界定、获得感相关概念辨析、获得感的测量指标、不同群体获得感研究、获得感的影响因素及提升路径等方面进行。

(一)研究热点主题1:获得感的概念界定

一是在社会发展时代背景下理解"获得感"的内涵。陶文昭(2016)指出,"获得感"应以发展为前提,发展是"获得感"的基础。在新时代背景下,无发展成果,那么"获得"也就无从谈起。但是,发展不是必然会提升人民群众的"获得感",发展如果忽视了公平、公正,如果造成了行业间、区域间的不均衡、不全面,反而会降低人民群众的"获得感"。因此,发展必须以"共享"理念为导向,在发展中坚持公平正义,坚持"包容性发展"。曹现强(2017)提出,"获得感"是一个有"中国特色"的新词,若要准确把握"获得感"的内涵,需要将其放在全面深化改革、转变经济社会发展模式、实现共享发展的时代背景下来理解。王浦劬等(2018)认为,获得感是党领导人民有效治理国家,坚持以经济建设为中心,深化改革,实现社会公平正义的客观指标,是经济社会发展和国家治理研究的重要分析工具。

二是基于坚持人民群众主体地位的视角理解"获得感"的内涵。蒋永穆等(2016)指出,"获得感"可以具体化为一系列和人民群众生产生活息息相关的指标,如基尼系数、恩格尔系数、财产和收入的多少、教育支出比例、医疗费用报销比例、养老金数额、就业率高低等。张品(2016)提出,"获得感"的出发点是人民,体现了"以人民为中心"的唯物史观;"获得感"追求务实,是人民群众在现实生活中得到的真正实惠。要想实事求是地解释"获得感",就要从自我价值和自我尊严得到满足的社会认知角度理解"获得感"。曹现强(2017)指出,"获得感"应以民生为重中之重,而"民生"即人民群众的生活水平、生活质量,它既包括完善的社会保障体系、良好的公共服务供给,也包括人民群众的精神食粮——文化,以及"最公平的公共产品、最普惠的民生福祉"——生态环境。同时,"获得感"以人民政治权利的实现为保障。

(二)研究热点主题2:获得感相关概念辨析

一方面是获得感与幸福感的区别。康来云(2016)提出,获得感表示获取某种利益后所产生的满足感,而幸福感是人们对生活满意程度的一种主观感受。获得感是幸福感的基础,幸福感是获得感的延伸,二者都具有主观见之于客观的特点。秦国文(2016)指出,幸福感是一个微观、复杂、主观和具有变动性的指标。获得感既涉及发展速度,也涉及发展质量,既要考虑发展效益,也要考虑发展成本,是一个全面的、系统的指标体系。与幸福感相比,获得感涵盖的范围更为广泛,内容也更加全面。蒋永穆等(2016)指出,作为一种主观体验,幸福指数受人的精神活动复杂性的影响,具有抽象性和不确定性。在很多情况下,人的幸福感不容易量化和测算。而获得感强调一种实实在在的"得到",既可以避免流于空泛和抽象,同时也便于衡量和比较。丁元竹(2016)认为,幸福感具有相对确定性,但幸福指标又不是凝固不变的,而是一个动态的、发展的指标。获得感以增进人民利益为出发点和落脚点,要求在改革发展的过程中,以人民幸福为旨归,在政策制定、制度完善、实现途径、具体措施等领域全方位、全过程地保证人民群众共享改革发展成果。

另一方面是获得感、安全感、幸福感的逻辑联系。马振清等(2017)指出,获得感的提升为幸福感和安全感提供可能,增进人民获得感是基础。

只有不断满足人民日益增长的美好生活需要,让人民从改革发展中获得实惠,人民的幸福感和安全感才可能提升。赵玉华等(2016)认为,幸福感以获得感和安全感为前提,增进人民幸福感是核心和目的。林怀艺等(2016)指出,安全感对于人们来说非常重要,安全感是获得感和幸福感的特殊体现。在一个安全的环境氛围中,人们才能充分发挥自己的潜能,创造出更多的社会财富,体验到获得的快乐和幸福。总之,获得感、幸福感、安全感既相互区别,又相互联系,三者相互作用、相互影响、相互渗透。在中国的改革发展实践中,应该把三者统一起来,妥善处理好利益获得、幸福追求、安全保障之间的关系,使人们的获得感、幸福感、安全感发挥正向互促作用。

(三)研究热点主题3:获得感的测量指标

获得感作为一种看不见、摸不到的指标,在研究中是如何进行测量的?作为一个新兴的学术概念,获得感的测量难免存在欠缺操作化标准或标准混乱的问题。学界对获得感的研究通常就某一种具体的获得感展开主观体验层面的测量。张会来等(2017)基于社会资本理论,以社会比较倾向为调节变量,探讨大学生与周围环境的情感连带、群体规范、人际信任等三个层面的社会资本变量对大学生环境治理获得感的影响。李婷婷等(2017)应用熵值法构建林改过程中农户获得感评价指标体系。石庆新等(2017)在探讨获得感、政治信任与大学生政党认同的关系时,采用整群分层抽样的方式对湖北省的6所部属高校543名大学生进行了问卷调查。吕小康等(2018)以2006至2015年间的中国社会状况综合调查数据中的纵向比较题为例,说明基于纵向比较的获得感测量模式,将之归结为个人发展感、社会安全感、社会公正感和政府工作满意度四个维度。

从已有文献来看,当前学界对获得感的维度研究已取得了较大的进展。大多数学者将获得感的测量维度划分为二维、三维或四维。王浦劬等(2019)借鉴相对剥夺感理论,将获得感区分为横向获得感和纵向获得感两个部分。赵卫华(2018)基于消费视角,认为获得感包括绝对获得感和相对获得感两个维度。文宏等(2018)基于中国城乡社会治理数据的实证分析,认为获得感包括经济获得感、政治获得感和民生获得感三个核心维度。姚迎春等(2018)结合泰勒原理的"学习经验"和课程的特殊性,将思政课获得感划分为知识论层面、价值观层面和方法论层面三个维度。董瑛(2017)结合新形势下反腐倡廉建设的新理念、新布局,指出获得感由政治获得感、经济获得感、精神获得感和社会获得感四个维度构成。阳义南(2022)认为,民生获得感包括便利性、充足性、普惠性、均等性四个维度。此外,也有学者认为获得感的测量维度是五维、六维。谭旭运等(2020)通过编制量表、实证分析,得到获得感的五个维度:获得环境、获得内容、获得体验、获得途径和获得分享。王晶(2021)认为获得感包括五个维度的指标体系,分别是国家层面因素、个人层面因素、社会层面因素、个人发展层面因素和生活保障层面因素。原光等(2018)引入关键绩效指标法,将基本公共服务获得感解构为服务数量感、服务质量感、便利可及感、服务公平感、服务持续感和服务支持感六个维度。

(四)研究热点主题4:不同群体获得感研究

不同群体的获得感差别较大。

一是学者以农民作为获得感研究对象。何霞等(2020)认为,农民获得感主要涵盖物质与精神两个方面,物质方面主要看农民收入、生活水平等;精神方面主要是农民自身权利是否得到保障,利益是否受到侵害,追求美好生活的需要是否得到满足,等等。孔德永(2020)认为,新时代农民获得感是全面的,获得感的全面性体现在获得对象和获得内容两个层面。农民获得感不是个别农民的获得感,也不是少数农民的获得感,而是我国所有农民的获得感。同时,新时代农民获得感是动态的,具有阶段性。刘盛峰等(2020)采用入户调查的方法对农民获得感进行研究,发现物质生活的基本保证("两不愁三保障"),帮扶单位及社会力量的捐款捐物,交通、电力、电话网、互联网、生活饮用水等农村工程的实施,可以让农民群众拥有实实在在的物质获得感。

二是学者以城市居民作为获得感研究的重要对象。徐延辉等(2021)以深圳市居民为研究对象进行了问卷调查,考察了社会发展对城市居民获得感的影响。王艳丽等(2021)在文献分析和深度访谈的基础上,编制城市社区居民获得感的初始量表。耿婷婷(2020)实证分析了医疗保障对城市居民获得感存在的显著影响及其影响方向和影响程度,并以此验证研究假设。王琳云(2018)立足现代城市的基本单元——社区,探讨社区服务是如何提高城市居民的获得感的。

(五)研究热点主题5:获得感的影响因素

获得感的影响因素可以从宏观层面与微观层面进行分析。

从宏观层面来看,社会文化、制度、政策对获得感有显著的影响。李丹等(2018)指出,民族习俗、区域文化特征及扶贫政策等因素影响民族地区贫困人口获得感。赵卫华(2018)指出,制度不合理影响获得感,机会不均等、向上流动难度加大也从深层次上影响获得感。黄和平等(2020)以上海朱家角、港西、周浦为例,对乡村发展成效的获得感进行实证检验,结果表明:产业兴旺、生态宜居、治理有效、乡风文明等因素对居民获得感的影响显著。

从微观层面来看,比较具有代表性的有:王恬等(2018)运用CGSS(2013)数据进行因子分析,发现性别、年龄、民族、工作状况、教育程度、婚姻状况、健康情况、子女数量等个人特征因素对获得感有显著影响。曾维希等(2018)应用分层回归的方法探讨了心理资本对城市融入的作用。吕小康等(2020)运用广义多层线性模型得出结论,医患信任、主观社会地位对医疗获得感均有正向预测的作用。吕小亮等(2020)对全国55所高校、16000余名本科大学生进行了问卷调查,对调查结果进行分析后认为,教学内容与方法、教学组织与实施、教学互动形式与频率、学生学习成效评价等要素对大学生思政课学习获得感存在显著正向影响。陈旦旦(2021)研究了贫困户"获得感"缺失现状的原因,认为贫困户的获得感受到经济补助的多少、社会公平性、政策的持续性和透明性、社会环境及评价等方面因素的影响。

(六)研究热点主题6:获得感的提升路径

学界关于获得感提升路径的研究主要集中于以下几方面。

一是制度安排。钱力等(2020)提出,应基于物质需求与安全需求,强化公共服务建设,夯实政策机制保障。田旭明(2018)提出,需要通过完善利益协调、分配和整合机制,增强制度法规的规约和保障力量,从而不断提升人民群众的获得感。谢治菊等(2019)认为,要提升基层公务员的获得感,建立责任容错纠错机制、拓宽职位晋升渠道、健全考核激励机制、提高工资福利待遇、完善评价指标体系就显得尤为必要。刘继青(2017)提出,教育改革必须坚持优化政策过程、完善制度安排,创新改革路径和模式,逐步提升人民群众教育获得感。

二是方法策略。樊红敏等(2021)认为,在疫情防控背景下,通过推动应急服务类社会组织发展、大力培育应急类服务组织和服务队伍,提升居民获得感。具体而言,应拓宽应急管理志愿服务渠道等,形成专业性应急服务队伍。谯欣怡(2021)认为,不断改进对贫困人口的职业技能培训方式,是进一步帮助贫困人口增强技能获得感的重要方法。激发贫困人口的内生动力,发展村域产业集群,帮助贫困人口提升收入获得感,最终帮助贫困人口实现发展获得感。盛颔等(2020)从推进产业振兴、优化生态环境、培育文明乡风、加强基层治理与促进生活富裕五方面,对提升中国农民获得感的实践路径提出建议和对策。

三是伦理价值。江先锋等(2020)从伦理视角出发,探究了新时代提升人民群众健康获得感的伦理实现路径。提升人民群众的健康获得感,不仅要完善机制,而且要坚守相应的伦理价值。新时代要提高人民的健康获得感,应该坚持人民中心原则。坚持人民中心原则,对于提升人民群众健康获得感的作用主要有:一是解决人民群众最关心、最直接、反映最突出的健康问题;二是坚守卫生健康事业发展的公益性、公平性的至高导向。王倩等(2021)认为,应着力增强党的"人民至上"理念,这是共享发展理念的实践要求,对实现人民获得感具有重要的研究意义和实践意义。

三、研究热点主题的变迁历程与特征

(一)研究热点主题的变迁历程

不断满足人民向往美好生活的需要,是在党的十八大后习近平总书记反复强调的思想。2015年2月27日,中共中央总书记习近平在中央全面深化改革领导小组第十次会议上指出,要把改革方案的含金量充分展示出来,让人民群众有更多的获得感。"获得感"一词由此迅速流行,成为衡量改革成效的重要标准。

第一阶段为2015—2017年。2015年,习近平主持召开中央全面深化改革领导小组第十次会议并发表重要讲话。他强调,要科学统筹各项改革任务,推出一批能叫得响、立得住、群众认可的硬招实招,突破"中梗阻",防止不作为,把改革方案的含金量充分展示出来,让人民群众有更多获得感。2017年,党的十九大报告中共有三处出现"获得感":第一处,深入贯彻以人民为中心的发展思想,一大批惠民举措落地实施,人民获得感显著增强;第二处,保证全体人民在共建共享发展中有更多获得感,不断促进人的全面发展、全体人民共同富裕;第三处,坚持人人尽责、人人享有,坚守底线、突出重点、完善制度、引导预期,完善公共服务体系,保障群众基本生活,不断满足人民日益增长的美好生活需要,不断促进社会公平正义,形成有效的社会治理、良好的社会秩序,使人民获得感、幸福感、安全感更加充实、更有保障、更可持续。

第二阶段为2018年至今。2018年是贯彻党的十九大精神的开局之年,是改革开放40周年,是决胜全面建成小康社会、实施"十三五"规划承上启下的关键一年。2018年、2019年、2020年,重点抓好决胜全面建成小康社会的防范化解重大风险、精准脱贫、污染防治三大攻坚战,打好精准脱贫攻坚战,打赢蓝天保卫战,解决结构性就业矛盾,等等。这些无不是群众最关切的热点问题、焦点问题。发展惠民生的步伐迈得更坚实,民生获得感的提升也会越显著。

(二)研究热点主题的特征

通过对获得感、幸福感、安全感等主要研究热点主题进行文献梳理，发现研究热点主题呈现出以下鲜明特征：

第一，在研究视角上，多层次、多维度。王浦劬等(2018)认为，人民获得感是中国的良政基准与善治标尺，进而对获得感的内涵进行规范分析。郑风田等(2017)指出，获得感是确定改革次序的优先性依据。郑风田(2017)指出，获得感的内涵类似于包容性发展，包容性发展的核心要义是在保持较快经济增长的同时，兼顾可持续和均衡协调，确保机会平等和公平参与，让经济发展成果惠及所有群体，与中国的可持续发展观一脉相承。田旭明(2020)认为，了解获得感的内涵，有助于提升党的执政公信力，有助于坚定道路自信，还有助于优化社会心态。总而言之，"获得感"内涵规范化研究对进一步改善民众心态、提升民众政治认同、增强社会凝聚力产生了积极的作用。

第二，在研究内容上，由"发展"为基础转为以"民生"为保障。人民获得感是经济社会发展成果的客观享有与主观感受的综合衡量，涉及政府绩效、经济发展、分配正义、政治认同及政民关系等诸多问题，其实质是人们享受改革发展成果的多寡和对于这种成果享受的主观感受与满意程度，是主观感受与客观获得、物质与精神相结合的多维度主观指标。国内学界对获得感内涵、涉及维度与实现路径进行了深入研究。有学者认为，获得感主要包括物质与精神两个层次：物质层面来源于经济状况改善带来生活水平的提高与享受公共服务带来的获得感；精神层面来源于收入分配改革的公平感、政府重拳反腐带来的政治信任与在参与中的自我实现等。根据指标和要求，可以将获得感分为经济获得感、政治获得感、民生获得感等。同时，获得感以民生为重中之重。"民生"，即人民群众的生活水平、生活质量。它既包括完善的社会保障体系、良好的公共服务供给，也包括人民群众的精神食粮——文化，以及"最公平的公共产品、最普惠的民生福祉"——生态环境。人民群众的获得感建立在覆盖全面、高水平、公平的社会保障体系之上，建立在高质量、均等化的公共服务供给之上，建立在丰富的精神文化生活、绿水青山之上。另外，获得感以人民政治权利的实现为保障。政治地位显著提高,知情权、参与权、表达权、监督权等民主权利得到实现和保障,实现参政议政、管理国家事务是人民群众获得感的重要内容。不仅如此,人民群众能够有效表达自己的需求,能够以自己的智慧和力量参与到发展与改革的时代浪潮中,能够真正在当家作主中实现公平正义和人的尊严,也是发展与改革能够始终不偏离"以人为本"、民生目标得以实现的根本保障。

第三,在研究方法上,开始注重实证研究。李婷婷等(2017)以2014—2016年450个林农的调研数据为基础,运用Tobit模型找出影响林农获得感的关键因素,应用熵值法构建林改全过程中获得感的评价指标体系。王浦劬等(2018)基于全国公民价值观与国际社会公正项目调查数据,给出了获得感的测量方案。阳义南(2018)从便利性、充足性、普惠性、均等性四个方面测量了民生公共服务获得感。董洪杰等(2019)通过自由联想法形成量表的初始项目,先后进行两次预测并根据结果修订量表,然后对量表进行正式施测并检验其信效度,同时采用中文版生活满意度量表和幸福倾向量表进行效标效度检验。朱平利等(2020)结合结构化访谈编制出员工工作获得感初始量表,运用SPSS22.0和AMOS22.0统计软件进行探索性因素分析、验证性因素分析和相关分析来检验量表的信度和效度,形成员工工作获得感的正式量表。也有很多学者采用问卷调查的形式收集数据。吴敏等(2021)根据研究假设作统计分析和主模型分析,认为从客观公平和主观公平两个方面精准施策,可以提升人民的公共服务获得感。文宏等(2018)根据中国城乡社会治理数据对人民获得感进行时序比较,将人民获得感分为经济获得感、政治获得感和民生获得感,并以数据证明人民生活水平不断提高,获得感显著增强。阳义南等(2018)基于MIMIC模型对民生公共服务进行测量,提出从城乡基础设施、社会保障、医疗卫生、公共文体、基本社会服务、住房保障、公共教育等方面增强公众对公共服务的获得感。

第四,在研究领域上,不断拓展深入。自"获得感"一词提出以来,公共管理学界就其含义不断进行阐释。目前,关于获得感的研究主要围绕公共服务、社区治理以及政策对公民获得感的影响等方面。一是公共服务。王浦劬等(2018)对"获得感"进行界定,提出公共服务效能高可以充分提升"获得感"。阳义南(2018)指出,国内民生服务与国民需求之间仍存在较大差距,弥补民生短板对提升国民"获得感"具有显著作用。原光等(2018)将供需关系作为基本公共服务领域的重要课题,将获得感作为沟通基本公共服务供给侧和需求侧的桥梁,避免了传统研究从"供给侧"谈"供给侧"的弊端,解决基本公共服务改革领域"如何改"和"改成什么样"两大问题。缪小林等(2020)提出,国内基本公共服务均等化已经开始从"缩小地区间财力差距"迈向"提升人民群众获得感"的治理新时代。围绕充分性和均衡性两个特点,重新审视了国内基本公共服务均等化面临的新问题,并围绕"政府调节→基本公共服务均等化→人民群众获得感提升"主线,从理论上探讨了基本公共服务均等化治理框架及需要突破的难点。二是社区治理。丁元竹(2016)提出,社区治理影响居民获得感的主要原因是资源配置不合理、个别社区建设脱离实际、有些干部脱离群众、公共服务和社会服务供给单一、社区社会组织发育缓慢等,而要解决这些问题就必须围绕社会治理体制创新培育社区社会组织,协调好治理与培育的关系。范逢春(2016)指出,社区治理"获得感"钝化是治理发展的相对滞后性、相对不公平性、相对不协调性造成的。只有把持续改善民生作为全面深化改革的出发点,把创新社区治理作为全面深化改革的落脚点,把社区关系协调作为全面深化改革的着力点,才能让民众对社区治理创新有"获得感"。三是政策。这一点可细化为政策对不同群体"获得感"的影响,以小见大研究"获得感"。侯斌等(2019)以劳动年龄阶段内城市低保受助者为研究对象,根据"完善社会救助制度"课题组2015年的调查数据,考察了就业政策对提升劳动年龄阶段内城市低保受助者获得感的影响。梁土坤(2019)研究了社会政策对困难家庭经济获得感的影响机制,发现社会救助、社会保险、扶贫政策对经济获得感的影响存在显著差异。

第四节　小结

　　本章研究基于 CiteSpace 软件,对国内人民获得感研究进行了知识图谱分析。研究结果显示:获得感研究文献量整体呈增长趋势,获得感研究在未来依然是研究热点之一;尚未形成核心作者群;研究机构相互合作较少;研究热点主要集中在民生获得感上。在未来的研究中,应加强对获得感前因变量和结果变量的定量分析和实证检验,并在此基础上提出科学合理的获得感提升策略。

第九章

国内外公共文化服务政策研究

公共文化是能为广大社会公众接触或享用的具有物质或精神享受的一些产品或设施。公共文化服务是基于社会效益,不以营利为目的,为社会提供非竞争性、非排他性的公共文化产品的资源配置活动。公共文化服务作为一种具有很强的积极外部效应的公共服务,是一种公益性的服务。① 公共文化服务从实质上而言,既是文化治理的一种形式,也是文化治理的一项内容。②

近年来,公共文化服务成为我国民生投入的重点领域。党的十九大报告提出:完善公共文化服务体系,深入实施文化惠民工程,丰富群众性文化活动。党的二十大报告指出:实施国家文化数字化战略,健全现代公共文化服务体系,创新实施文化惠民工程。

第一节 数据来源

在SSCI中,以"主题=public culture services AND policy",限定WOS类别为political science、public administration、cultural studies、management、social work、social sciences interdisciplinary、sociology、social issues、urban Studies,限定文献类型为article、review、proceedings paper进行检索,人工剔除无效信息后,共获得225篇文献。以中国知网为平台,采取高级检索方法,文献来源为核心期刊,以"主题=公共文化服务 AND 主题=政策"进行检索,人工剔除无效信息后,共获得146篇文献。检索日期为2019年11月20日。

---

① 周晓丽,毛寿龙.论我国公共文化服务及其模式选择.江苏社会科学,2008(01):90-95.
② 吴理财.把治理引入公共文化服务.探索与争鸣,2012(06):51-54.

第二节　研究的基本状况

一、年代分布

SSCI 中关于公共文化服务政策的第一篇研究文献发表于 1992 年。见图 9-1，1995—2006 年，相关研究文献数量在 5 篇/年左右；2006 年后，相关研究文献数量增长趋势较为明显；从 2009 年开始，相关研究文献数量出现一些波动，但是总体上呈增长趋势。CNKI 核心期刊中关于公共文化服务政策的第一篇研究文献发表于 2006 年，较 SSCI 晚十多年。尽管国内相关研究起步较晚，但是年发文量增长趋势明显。这些均说明公共文化服务政策研究虽然在国内是一个较新的研究领域，但是近年来受到了很多研究者的重视，研究成果显著。

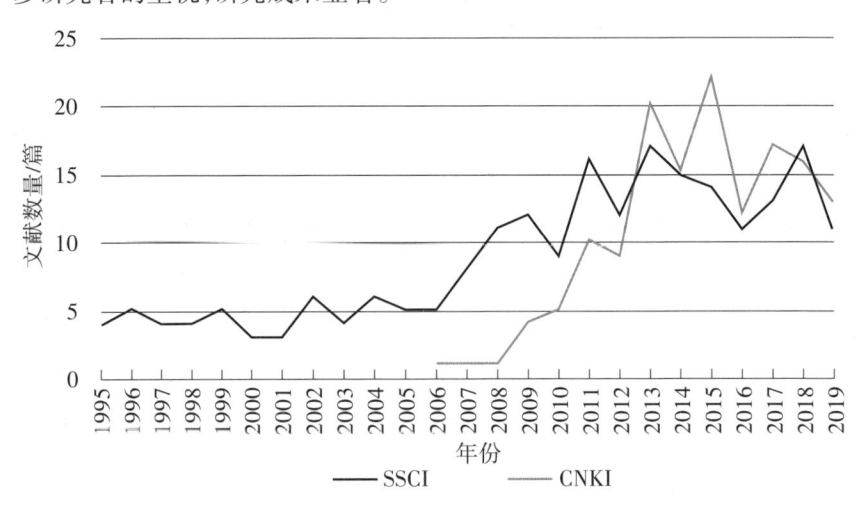

图 9-1　SSCI 和 CNKI 核心期刊中公共文化服务政策研究文献量的年代分布

二、优势国家（地区）/机构与核心作者

SSCI 中公共文化服务政策研究文献发文量排名靠前的国家（地区）见表 9-1。其中，美国的发文量遥遥领先，占 27.556%；英格兰、澳大

利亚紧随其后,发文量也较为突出。排名前五位的国家(地区)的发文量约占72%,说明公共文化服务政策研究的优势国家(地区)非常集中,而绝大多数国家(地区)发文量都较少。

表9-1 公共文化服务政策研究文献发文量排名前五位的国家(地区)

排名	国家	发文量/篇
1	美国	62
2	英格兰	48
3	澳大利亚	30
4	苏格兰	12
5	加拿大	11

公共文化服务政策研究文献发文量排名前五位的机构见表9-2。SSCI中,发文量排名前五位的机构全部来自英国和美国。从CNKI核心期刊数据来看,武汉大学发文量最为突出,兰州大学、华中师范大学、南开大学,以及中国艺术研究院紧随其后。

表9-2 SSCI和CNKI核心期刊中公共文化服务政策研究文献发文量排名前五位的机构

排序	SSCI		CNKI	
	机构	发文量/篇	机构	发文量/篇
1	University of London	8	武汉大学	18
2	University of Glasgow	7	兰州大学	8
3	University of Kansas	6	华中师范大学	7
4	University of Nottingham	5	南开大学	6
5	State University of New York	4	中国艺术研究院	5

CNKI核心期刊中公共文化服务政策研究文献发文量最高的作者是来自武汉大学的傅才武(8篇),其次是兰州大学的李少惠(7篇),这与前文中的优势研究机构相符合。相比而言,SSCI中公共文化服务政策研究文献发文量最高的作者仅有2篇,尚未有研究者集中关注公共文化服务政策领域,未形成核心作者群。

三、学科和期刊来源

公共文化服务政策研究文献在SSCI中主要分布在公共管理学、政治科学、管理学、社会工作学等领域。在CNKI核心期刊中,公共文化服务政策研究文献主要集中在文化学、法学、公共管理学等领域。(见表9-3)

表9-3　SSCI和CNKI核心期刊中公共文化服务政策研究学科分布

排序	SSCI	CNKI
1	Public Administration	文化学
2	Political Science	法学
3	Management	公共管理学
4	Social Work	政治学
5	Social Sciences Interdisciplinary	财政学

公共文化服务政策研究文献在SSCI中,集中在政治、管理科学类期刊上;在CNKI核心期刊中,则主要分布在文化类期刊上。

第三节　研究热点主题的知识图谱解析

一、研究热点主题的识别

运用CiteSpace软件对SSCI中公共文化服务政策研究的高频关键词进行分析,频率设定为大于5。图9-2中,圆圈的大小与关键词的词频成正比。在公共文化服务政策领域,对management、policy、ecosystem services、mental health、conservation等较为关注。

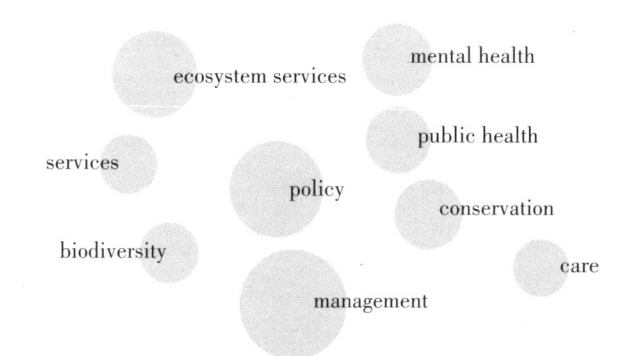

图9-2　国外公共文化服务政策研究高频关键词图谱

运用CiteSpace软件对CNKI核心期刊中公共文化服务政策研究的高频关键词进行分析，呈现出词频大于2的关键词。见图9-3，和SSCI的数据分析结果类似，与研究主题紧密相关的政策工具词频最高。除此之外，政策文本、公共服务、公共文化等也是公共文化服务政策研究热点主题。

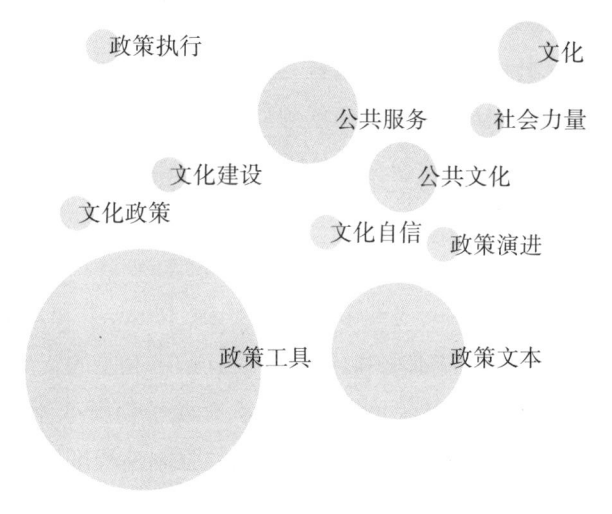

图9-3　国内公共文化服务政策研究高频关键词图谱

二、主要研究热点主题的综述

在公共文化服务政策领域中，国外学界对于management、services、conservation等较为关注；而我国学界的关注点主要集中在政策工具研究、价值取向、特点研究、问题研究、路径研究等方面。

(一)研究热点主题1:公共文化服务政策工具研究

政策工具是公共文化服务政策研究的一个重要领域,国内大部分学者把公共文化服务政策工具分为供给型、环境型、需求型三种基本类型。王子健等(2021)指出,中国各级政府部门在推动公共数字文化服务发展的政策体系中所采用的主要政策工具分为三大类:一是供给类政策工具,被视为公共数字文化服务的推动力;二是环境类政策工具,主要是为公共数字文化服务发展提供顶层设计、创造有利的发展环境;三是需求类政策工具,被认为是公共数字文化服务发展的拉动力。陈世香等(2021)结合Rothwell 和 Zegveld 的政策工具分类思想,将我国公共文化服务政策工具分为供给型、环境型、需求型三种基本类型。王家合等(2020)指出,中国公共文化服务政策综合运用了供给型、环境型和需求型三类政策工具,其中供给型政策工具有资金投入、人才培养、设施建设、技术支持,环境型政策工具有信息服务、目标策略性措施、法规管制、金融服务,需求型政策工具有税收优惠、政府购买、市场培育、海外交流。汪圣等(2018)将我国公共文化服务政策工具划分为三种类型:环境型、供给型、需求型。方永恒等(2020)将我国公共文化服务政策工具分为强制性政策工具、自愿性政策工具和混合性政策工具。

总体上,国内学者大多是借鉴 Rothwell 和 Zegveld 对技术创新政策的研究。根据政策工具对产业创新活动的作用,Rothwell 和 Zegveld 将创新政策工具分为供给型、需求型和环境型,而且指出充足的资金、人才、技术供给、良好的政策环境和多元化市场需求有助于创新产业政策的成功。Michael Howlett 和 M.Ramcsh 根据政策工具的强制性程度把政策工具分为自愿工具、强制工具和混合工具三种。

(二)研究热点主题2:公共文化服务政策价值取向

公共文化服务政策的价值取向界定精准、科学、合理,是政策制定与合理实施顺利进行的前提。中国公共文化服务政策价值取向主要围绕公共性、民主性、公平性、公开性、人文性等展开。岳经纶(2003)认为,随着全面建设小康社会的提出,政府的公共政策价值取向开始由注重效率转变为关注社会弱势群体。胡敏(2010)分析了国内文化产业政策实施效果不理想的主要原因。柯平等(2015)认为,在构建基本公共文化服务体系的过程中,应该以"标准化"和"均等化"为价值目标,以制定一套行之有效的"基本标准"为落脚点,进而来构建基本公共文化服务体系。范逢春(2016)认为,基本公共服务政策经历了"平均—效率—公平"三次价值取向的转换。柯平等(2017)指出,以人为本是基本公共文化服务均等化政策的合理化价值选择,而在这一合理价值影响下的基本公共文化服务均等化成为中国构建现代公共文化服务体系的必要条件。傅才武(2010)将国家公共文化服务体系建设作为公共文化服务政策的落地之举,其核心价值涵盖了公平均等化及与之相关的公益性、多样性、便利性和普及性等内容。李永芳(2020)认为,政府公共文化服务政策具有政治性、公共性、服务性、系统性、创新性等基本特点。方永恒等(2020)指出,政府购买公共文化服务政策的价值创新以追求社会福祉最大化为目标,应具备文化善治、效率和正义三点要义。

国外学者对于公共文化服务政策价值取向的研究,比较具有代表性的有:John Bordley Rawls(1988)在《正义论》中提出,如果"正义政策"被取消,那么社会的最不利阶层的生活就会更差。这些政策即使不是完全正义的,也是始终正义的,公平、正义与社会福祉密切相关。Jim McGuigan(2004)认为,文化研究不能成为政府政策的工具,因为它还要维持并革新自己与进步运动的关系,以求得社会文化公正。Toby Miller等(2002)在《文化政策》一书中介绍了文化政策研究的历史和理论,认为文化政策以制度上的支持来引导美学创造性和集体生活方式,而且是串联这两个方面的渠道和桥梁。

(三)研究热点主题3:公共文化服务政策特点研究

公共文化服务政策具有不同于其他类型政策的特点。

第一,公共性是公共文化服务政策最显著的特征。由于公共文化服务具有公共性这一显著特征,公平性、公益性成为公共文化服务政策的价值追求和目标,而公共文化服务均等化为其实现提供了可行路径。吕芳

(2019)将公共文化服务政策与经济政策进行比较,发现经济政策关注市场资源的合理配置,而公共文化服务政策关注公共文化产品资源的公平、公正、有效配置。

第二,多主体共同参与是公共文化服务政策的基本要求。政府被视为公共文化服务政策的主要执行者。值得反思的是,政府在政策执行中过多参与,容易造成过度强调政府在公共文化服务中的作用,从而导致对其他政策执行主体的忽视,这会对政策执行效果产生一定的消极影响。随着社会主义市场经济的建设和改革开放的深入,企业、社会组织等主体在公共文化领域发挥着越来越重要的作用。市场在资源配置中起决定性作用,政府不会也不可能大包大揽,进而完全承担公共文化服务供给者的角色。在当今社会,无论是提供公共文化服务,还是制定公共文化服务政策,都应综合考虑政府、企业、社会组织、居民等各方面的意见,充分调动诸多社会主体的积极性,做到多主体共同参与。有学者提出,发展公共文化服务要打破"政府是唯一公共文化服务提供者"的观念,进一步探索公共文化服务的社会化与市场化道路,放手让社会力量参与公共文化服务体系的建设。彭秋平(2020)指出,公共文化服务政策落实需要在政府主导、财政保障的前提下,进一步简政放权,引入市场力量和社会力量,依靠市场机制实现公共文化服务的生产与供给,激发社会力量参与公共文化服务的积极性。

第三,公共文化服务相关政策不断法治化。只有将公共文化服务政策上升为法律法规,使其不断法治化、强制化、规则化,才能有效地维护人民群众的公共文化权益。张耀明(2015)提出,文化立法是推动中国文化体制改革、实现社会主义文化大发展大繁荣的基础性、战略性工作。李国新(2016)强调,"十三五"期间,加强公共文化服务立法,强化政府在公共文化服务中的责任,是公共文化服务体系建设的重要内容。

国外研究中,比较具有代表性的有:Roche(2000)指出,公共文化具有公共物品属性,具有非竞争性及消费的非排他性,应该主要由政府来供给。Everitt(2001)认为,文化产品同时具有公共物品属性和私人物品属性,文化部门是混合型经济部门,因而公共文化服务和产品中的一部分应该由政府直接供给,另一部分则由政府以外的其他机构提供,从而形成由政府、市场与非营利性组织共同供给与管理的模式。Jim McGuigan(2004)将公共文化服务政策话语分为三种:国家话语、市场话语和市民交流话语。从国家话语向市场话语转变,这一转变在西欧国家尤其明显。在国家话语里,国家被视为文化政策中的关键动因,政府对文化事业进行补贴;在市场话语里,政府需要放手让市场发挥作用,市场的力量被视为神圣不可侵犯;在市民交流话语里,主要关注文化交流和文化的民主化。Bennet(2004)认为,公共文化服务政策要吸取各种社会科学的研究方法论,体现本学科的社会和经济意义,进而建立自己的学科研究模式。

(四)研究热点主题4:公共文化服务政策问题研究

一是政府购买公共文化服务政策不到位的问题。张仁汉(2015)指出,购买随意性强、责任模糊以及购买的稳定性差等是当前政府在购买公共文化服务中存在的普遍性问题。李山(2015)则认为,购买体制和购买机制不完善,是导致政府购买公共文化服务"内卷化"现象严重的主要因素。方永恒等(2020)进一步分析了地方政府购买公共文化服务政策面临的现实困境:地方政府购买公共文化服务政策供给与需求之间存在张力,不能有效满足公众的文化诉求;政府在购买公共文化服务过程中,居民公共文化需求表达严重不足,进而导致公共文化设施与居民文化需求不能有效对接。

二是公共文化服务政策工具应用不充分的问题。陈世香等(2021)指出,在政策工具使用上,国内公共文化服务存在内部比例不均衡等问题,需求型政策工具使用比重较低。王家合等(2020)以政策工具为视角,发现当前政府部门对不同类型政策工具的依赖性呈现出较为明显的"差序格局"。其中,对供给型政策工具的重视不够,导致当前国内公共文化服务建设出现了"重设施,轻内涵""重形象,轻实效"等问题。

（五）研究热点主题 5：公共文化服务政策路径研究

一是公共文化服务政策执行满意度提升。金万鹏等（2021）提出，要积极营造良好的政策执行环境，切实保障政策的科学性，为公共文化服务政策落地提供发展空间；全面提升政策执行人员素养，努力激发群众参与热情，为公共文化服务政策执行注入内生动力。

二是公共文化服务政策工具调整优化。赵军义（2020）提出，要适当调整政策工具的搭配结构，确保政策工具运用的协调性。特别是在制定民族地区公共文化服务政策时，尤其要注重不同政策工具的搭配和取舍问题。政府购买公共文化服务政策工具是完成公共文化建设的有效手段，政策工具创新包括强制性政策工具创新、自愿性政策工具创新、混合性政策工具创新。国内在公共文化服务环境型和需求型政策工具的使用上较为不均衡，对税收优惠、金融服务、服务外包、贸易管制、海外交流等政策工具的使用存在较为明显的不足。政策执行离不开良好的环境，因此，税收优惠、金融服务、贸易管制等政策工具的使用是必不可少的。

国外研究中，比较具有代表性的有：Toby Miller（2002）指出，文化政策是一种制度保障，以供组织实现政策目标。Adrienne Scullion 等（2004）指出，文化政策研究需要从艺术人文的发展历史中理解政策制定历史及其影响。Toby Miller（2010）强调，文化政策需要机构支持，政府、工会、学院、社会运动、社区团体、基金会和企业等都可对文化进行援助、资助、控制、促进、教育和评价。Anthony Everitt（2018）阐述了政府职能转变和文化政策执行之间的关系。他认为，只有采取具有全局观念的治理方式和实际操作模式，跨越各自为政的行政设置，才能完全落实文化政策，进而实现跨部门的横向合作与发展。Saez Guy（2019）在其著作《机制与文化生活》中提出，对于文化领域中的权力下放，一直有两种完全相反的论点。一种观点认为，应该让文化和艺术走向更广阔的民众；另一种观点则认为，在制定文化政策过程中应该区分各个级别的行政机关的权力，而且国家需要把相应的部分权力转交给地方。合作伙伴、横向联系与地方化，无论在何时都是文化政策相关领域的三个关键词。Anthony Everitt（1997）

指出,政府应该采用全局性、整体性的治理模式以及实际的操作方式,实现"横向"跨部门合作,只有这样文化政策才能得到有效落实。

三、研究热点主题的变迁历程与特征

(一)研究热点主题的变迁历程

新中国成立以来,尤其是改革开放40多年来,中国公共文化服务水平不断提高,覆盖范围不断扩大,对公共文化服务政策的认识也经历了一个由浅到深的过程。

第一阶段为1949—2005年。新中国成立之初,文化事业管理呈现出高度的行政化特征,主流文化产品生产和社会文化生活高度政治化。文化制度呈现出政府一手包办的为政治服务的严管模式,文化产品和服务几乎全部由文化事业单位提供,经费上亦由各级政府财政给予支持。总体上看,新中国成立初期,国内公共文化服务处于初步阶段,出台的相关公共文化服务政策文件均是围绕政治运动,公共文化基础设施薄弱,公共文化资源活动稀少。这一阶段,政府完全包办公共文化服务政策,这基本上是适合当时的国情与经济体制的。政府通过集中管控文化,让基础薄弱的文化事业在短期内得到快速发展,有助于规避部分政治、市场风险,但同时也忽视了公共文化产品的公共与服务属性,导致文化欠缺鲜活性与创新性,也在无形中降低了政府文化管控的效率,并增加了财政负担。

第二阶段为2006—2012年。2006年,《国家"十一五"时期文化发展规划纲要》将"公共文化服务"作为文化建设的重要组成部分。《公共图书馆建设标准》等配套政策随之颁布。2011年,《中共中央关于深化文化体制改革推动社会主义文化大发展大繁荣若干重大问题的决定》提出,充分认识推进文化改革发展的重要性和紧迫性,更加自觉、更加主动地推动社会主义文化大发展大繁荣。

第三阶段为2013年至今。2013年,党的十八届三中全会提出构建现代公共文化服务体系的目标。"现代"一词突出了公共文化服务体系建设的时代性、创新性和开放性要求,为公共文化服务建设指明了新的发展方向。2015年,《关于加快构建现代公共文化服务体系的意见》提出:构建体现时代发展趋势、适应社会主义初级阶段基本国情和市场经济要求、符合文化发展规律、具有中国特色的现代公共文化服务体系,促进基本公共文化服务标准化、均等化。2016年施行的《中华人民共和国公共文化服务保障法》,为各级政府推进文化治理能力现代化提供了基本的法律依据。2017年,党的十九大报告强调完善公共文化服务体系。2019年,《中共中央关于坚持和完善中国特色社会主义制度 推进国家治理体系和治理能力现代化若干重大问题的决定》提出:"坚持和完善繁荣发展社会主义先进文化的制度,巩固全体人民团结奋斗的共同思想基础""健全人民文化权益保障制度。坚持以人民为中心的工作导向,完善文化产品创作生产传播的引导激励机制,推出更多群众喜爱的文化精品。完善城乡公共文化服务体系,优化城乡文化资源配置,推动基层文化惠民工程扩大覆盖面、增强实效性,健全支持开展群众性文化活动机制,鼓励社会力量参与公共文化服务体系建设"。2022年,党的二十大报告提出:实施国家文化数字化战略,健全现代公共文化服务体系,创新实施文化惠民工程。这些均为公共文化服务政策领域的研究提供了基本遵循。

通过对 management、services、conservation 等研究热点主题进行文献梳理,发现国外公共文化服务政策研究起步较早,比较重视保障公民文化权利,整体公共文化服务政策的完善落实比较到位。最早提出公共文化服务的学者是19世纪后半期德国社会政策学派的代表人物 Adolf Wagner,他主张通过公共财政的社会政策作用,拓宽政府职能,强化社会文化和公共福利的责任。20世纪50年代至80年代中期,凯恩斯主义国家干预理论风行一时,"福利国家"范式由此产生。与"小政府"价值定位截然相反的"福利国家"范式在西方国家不同程度地建立起来,其特征是"从摇篮到坟墓,包办了人的一切"。具体到公共文化领域,1959年,法国文化部成立。这是法国历史上第一个中央文化管理机关,也是文化管理被纳入现代政府与行政管理的标志。20世纪80年代,美国学者罗伯特·丹哈特提出新公共服务理论,以动员志愿团体、公益组织等第三部门、公民和私人部门共同参与治理为手段,政府与民间目标共定、利益协商、共同生产,通过公共服务来兑现公共利益。一方面,关注公共利益和民主价值。另一方面,符合现阶段公共文化服务的转型需要。20世纪90年代以来,国外公共文化服务政策法规体系逐步完善。以美国为例:1993年的《政府绩效与结果法案》制定了关于公共文化服务绩效评估的规定;2002年的《电子政府法案》制定了关于网络文化的规定;2005年的《联邦采购条例》制定了关于公共文化服务政府购买的条款;等等。除此之外,各州地方立法中也有大量与公共文化服务相关的法条。

(二)研究热点主题的特征

通过对management、policy、ecosystem services、conservation以及政策工具、政策文本、公共服务、公共文化等主要研究热点主题进行文献梳理,发现研究热点主题呈现出以下鲜明特征:

第一,在研究视角上,公共文化服务政策研究多是以政策工具视角为切入点。比如,汪圣等(2018)基于政策工具视角,对国内公共文化服务政策进行研究。赵军义(2020)基于政策工具与政策注意力双重视角,对民族地区公共文化服务政策进行评估。

第二,在研究内容上,公共文化服务政策研究日趋关注中华优秀传统文化的传承与发展以及公共数字文化服务。一是针对中华优秀传统文化方面的政策关注。2017年,中共中央办公厅、国务院办公厅印发了《关于实施中华优秀传统文化传承发展工程的意见》。该意见指出:随着我国经济社会深刻变革、对外开放日益扩大、互联网技术和新媒体快速发展,各种思想文化交流交融交锋更加频繁,迫切需要深化对中华优秀传统文化重要性的认识,进一步增强文化自觉和文化自信;迫切需要深入挖掘中华优秀传统文化价值内涵,进一步激发中华优秀传统文化的生机与活力;迫切需要加强政策支持,着力构建中华优秀传统文化传承发展体系。实施中华优秀传统文化传承发展工程,是建设社会主义文化强国的重大战略任务,对于传承中华文脉、全面提升人民群众文化素养、维护国家文化安全、增强国家文化软实力、推进国家治理体系和治理能力现代化,具有重要意义。二是针对公共数字文化服务方面的政策关注。2011年,《文化部、财政部关于进一步加强公共数字文化建设的指导意见》指出：以重点公共数字文化惠民工程为抓手，以现代信息技术为支撑，以资源建设为重点，以打造基于新媒体的服务新业态为目标。经渊等（2021）认为，虽然地方公共数字文化的政策治理整体已收到一定成效，但在治理结构的有效性、权威性、均衡性、主动性等方面仍存在较大的改进空间。

第三，在研究方法上，公共文化服务政策研究多侧重于实证分析。陈世香（2021）通过建构"价值链—政策工具"二维分析框架，选择近十年中央层面公共文化服务政策文本，运用内容分析法，试图揭示国内公共文化服务政策工具的运行规律及其偏好，并提出政策路径优化建议。彭秋平（2020）基于获取的25份中央及地方政府出台的关于社会力量参与公共文化服务的相关政策文本，采用内容分析法对政策外部特征和主题内容特征进行编码分析，探究我国社会力量参与公共文化服务的路径。李少惠等（2019）采用政策文献计量和内容分析相结合的方法，对2000—2017年我国公共文化服务政策的颁布时间、政策主体及主题进行量化统计和交互分析。

第四节　小结

公共文化服务是指由政府主导、社会力量参与，以满足公民基本文化需求为主要目的而提供的公共文化设施、文化产品、文化活动以及其他相关服务。公共文化服务政策是公共服务政策体系的重要组成部分，是公共政策的重要工作内容。西方国家在保证国家对文化有效管理的前提下，引入市场竞争机制，大力提升文化创新力。通过对我国公共文化服务政策的主要研究热点主题进行文献梳理，发现新中国成立以来，尤其是改革开放40多年来，国内公共文化服务水平不断提高，覆盖范围不断扩大。一方面，多主体共同参与是公共文化服务政策的基本要求。政府不会也不可能大包大揽，完全承担公共文化服务供给者的角色，需要充分调动诸多社会主体的积极性,做到多主体共同参与。另一方面,公共性是公共文化服务政策的显著特征。公共文化服务供给应该做到均等化、可及化,统筹城乡公共文化服务体系建设。目前,国内文化体制改革已进入深水区,公共文化服务能力建设任重而道远。对公共文化服务政策发展趋势进行分析,可为未来公共文化服务建设的政策规划、制定与调整提供依据。

结语:迈向中国公共管理自主知识体系的构建

党的二十大报告指出:"从现在起,中国共产党的中心任务就是团结带领全国各族人民全面建成社会主义现代化强国、实现第二个百年奋斗目标,以中国式现代化全面推进中华民族伟大复兴""中国式现代化,是中国共产党领导的社会主义现代化,既有各国现代化的共同特征,更有基于自己国情的中国特色"。基于新时代新征程中国共产党的使命任务,公共管理研究需要梳理和总结国内外已有的理论与实践成果,通过对行政体制改革、地方政府职能转变、地方治理能力、政府与社会关系、社会治理创新、社会组织改革、人民获得感、公共文化服务政策等领域的研究热点主题及其变迁特征进行解析,厘清公共管理研究的现状与发展趋势,为进一步构建中国公共管理自主知识体系奠定基础。

中国的公共管理研究传统源远流长,但近现代意义的公共管理研究时间不长。对于中国公共管理学科而言,1982年1月29日,夏书章教授在《人民日报》上发表的《把行政学的研究提上日程是时候了》是一篇具有里程碑意义的文章,被誉为新中国公共管理学科的开山之作,也是构建中国公共管理自主知识体系的奠基之作。公共管理研究体现了"经世致用"这一特点,研究热点主题正是政府决策或社会关注的重要问题。不论是行政体制改革、地方政府职能转变、地方治理能力,还是社会治理创新、社会组织改革、人民获得感、公共文化服务政策,都是对公共管理过程中政府与社会、政府与市场之间关系在不同阶段的反映。从公共管理研究趋向来看,国内外的公共管理研究均以管理和制度改革为主。在公共管理研究方法层面,国内外研究出现了由规范研究到实证研究再到两者并重的变化趋势。早期的国内公共管理研究更多的是对国外理论研究的移植、模仿,现在已经逐步中国化、本土化,这有助于中国公共管理自主知识体系的构建。

构建中国公共管理自主知识体系是基于中国独特的体制、文化、传统、现实等,对公共管理的理论与实践进行提炼、升华,进而形成中国的公共管理话语体系。夏书章教授认为,中文语境中的政治与行政不是简单的二分关系,而是"政离不开治、治离不开政",应当在"政"与"治"的统合中理解公共行政(公共管理)。未来的中国式公共管理研究应是在中国式现代化这一宏大使命任务下,着眼于人口规模巨大、全体人民共同富裕、物质文明和精神文明相协调、人与自然和谐共生、走和平发展道路等国情,努力发现中国公共管理理论与实践的"真问题",进而从中提炼"科学问题",致力于"以中国为方法"进行研究,最终构建起具有重大理论价值和实践价值的公共管理自主知识体系。

主要参考文献

[1]何艳玲.公共行政学史.北京:中国人民大学出版社,2018.

[2]竺乾威.公共行政的理论、实践与发展.上海:复旦大学出版社,2021.

[3]戢浩飞.行政执法体制改革研究.北京:中国政法大学出版社,2020.

[4]蒋硕亮.新中国行政体制改革70年.上海:上海人民出版社,2019.

[5]申丽娟.整体性治理视角下的社会治理现代化转型研究.重庆:西南师范大学出版社,2018.

[6]胡映兰.改革开放以来中国共产党社会建设的理论与实践.北京:人民出版社,2014.

[7]申丽娟.西部县级政府社会治理能力建设研究.北京:中国社会出版社,2020.

[8]林坚.文化治理与文化创新.北京:中国人民大学出版社,2019.

[9]何超,许康.我国管理科学研究热点及代表人物的可视化分析.财经理论与实践,2011(04):104-109.

[10]徐国冲.问题与主题:公共管理经典教材的评估与比较.理论与改革,2011(06):81-85.

[11]陈天祥,龚翔荣.国外公共管理学科领域研究热点及演化路径——基于SSCI样本期刊(2006—2015)的文献计量分析.公共行政评论,2018(03):178-199+214.

[12]何艳玲.中国行政体制改革的价值显现.中国社会科学,2020(02):25-45+204-205.

[13]唐任伍,马宁,刘洋.中国政府机构改革:元问题、元动力与元治理.中国行政管理,2018(11):21-27.

[14]许耀桐.中国政府机构改革40年来的发展.行政论坛,2018(06):5-10+2.

[15]孙涛,张怡梦.从转变政府职能到绩效导向的服务型政府——基于改革开放以来机构改革文本的分析.南开学报(哲学社会科学版),2018(06):1-10.

[16]沈亚平,范文宇.党政机关合并设立:实践价值、法律隐忧与完善路径.北京行政学院学报,2020(04):36-42.

[17]孙学玉,伍开昌.构建省直接管理县市的公共行政体制——一项关于市管县体制改革的实证研究.政治学研究,2004(01):35-43.

[18]陈达云,邓速.以省管县体制构建我国地方行政层级的思考.国家行政学院学报,2007(01):71-73+92.

[19]庞明礼."省管县":我国地方行政体制改革的趋势?.中国行政管理,2007(06):21-25.

[20]张占斌,孙飞.改革开放40年:中国"放管服"改革的理论逻辑与实践探索.中国行政管理,2019(08):20-27.

[21]周光辉.构建人民满意的政府:40年中国行政改革的方向.社会科学战线,2018(06):10-21+2.

[22]江小涓.加强顶层设计 解决突出问题 协调推进数字政府建设与行政体制改革.中国行政管理,2021(12):9-11.

[23]宋世明.中国行政体制改革70年回顾与反思.行政管理改革,2019(09):30-45.

[24]孙涛,孙宏伟.比较视野下的中国地方政府改革及其挑战.行政论坛,2018(06):66-71.

[25]秦晓蕾,陆登高.基于治理能力提升的城管绩效考核:一个层次分析法应用.公共管理与政策评论,2020(02):33-42.

[26]刘银喜,赵淼,赵子昕.政府数据治理能力影响因素分析.电子政务,2019(10):81-88.

[27]孙锋,王峰.城市社区精英与公众的离合对社区治理能力的影响——基于社会子系统的分析视角.复旦公共行政评论,2019(01):189-216.

[28]于君博,戴鹏飞.打开中国地方政府的数字治理能力"黑箱"——一个比较案例分析.中国行政管理,2021(01):36-41+78.

[29]汪锦军.合作治理的构建:政府与社会良性互动的生成机制.政治学研究,2015(04):98-105.

[30]虞维华.非政府组织与政府的关系——资源相互依赖理论的视角.公共管理学报,2005(02):32-39+93-94.

[31]邓燕华,阮横俯.农村银色力量何以可能?——以浙江老年协会为例.社会学研究,2008(06):131-154+245.

[32]管兵.竞争性与反向嵌入性:政府购买服务与社会组织发展.公共管理学报,2015(03):83-92+158.

[33]卢宪英.紧密利益共同体自治:基层社区治理的另一种思路——来自H省移民新村社会治理机制创新效果的启示.中国农村观察,2018(06):62-72.

[34]黄晓春.党建引领下的当代中国社会治理创新.中国社会科学,2021(06):116-135+206-207.

[35]周亚越,黄陈萍.迭代创新:基层社会治理创新的扩散逻辑——以"村情通"的扩散为例.中国行政管理,2020(10):91-96.

[36]纪莺莺.当代中国的社会组织:理论视角与经验研究.社会学研究,2013(05):219-241+246.

[37]王浦劬,季程远.新时代国家治理的良政基准与善治标尺——人民获得感的意蕴和量度.中国行政管理,2018(01):6-12.

[38]阳义南.民生公共服务的国民"获得感":测量与解析——基于MIMIC模型的经验证据.公共行政评论,2018(05):117-137+189.

[39]谭旭运,董洪杰,张跃,等.获得感的概念内涵、结构及其对生活满意度的影响.社会学研究,2020(05):195-217+246.

[40]范逢春.建国以来基本公共服务均等化政策的回顾与反思:基于文本分析的视角.上海行政学院学报,2016(01):46-57.

[41]吕芳.公共服务政策制定过程中的主体间互动机制——以公共文化服务政策为例.政治学研究,2019(03):108-120+128.

[42]李少惠,王婷.基于双重差分模型的公共文化服务体系示范区创建效果研究.山东大学学报(哲学社会科学版),2021(02):43-55.

[43]Greve Carsten, Ejersbo Niels, Lægreid Per, et al. Unpacking Nordic Administrative Reforms: Agile and Adaptive Governments. International Journal of Public Administration, 2020(08):697-710.

[44]Noor Mohammad Masum. Administrative Reform in India: Retaining the British Steel Frame. Asian Journal of Political Science, 2018(03):431-446.

[45]George A. Krause, Roger Qiyuan Jin. Organizational Design and its Consequences for Administrative Reform: Historical Lessons from the U.S. Budget and Accounting Act of 1921.Governance, 2020(02):365-384.

[46]Jreisat. Public Administration Reform in Jordan: Concepts and Practices. International Journal of Public Administration, 2018(10):781-791.

[47]Hwang Kwangseon. Understanding Complexity of Administrative Reform. International Journal of Organizational Analysis, 2019(03):630-643.

[48]Catrien J. A. M. Termeer, Art Dewulf, Gerard Breeman, et al. Governance Capabilities for Dealing Wisely with Wicked Problems. Administration & Society, 2015(06):680-710.

[49]Haagh Louise. The Developmental Social Contract and Basic Income in Denmark. Social Policy and Society, 2019(02):301-317.